13 Short Stories About
DOGS
INTERMEDIATE GERMAN

Jenny Goldmann

BELLANOVA

MELBOURNE · SOFIA · BERLIN

13 Short Stories About Dogs in Easy-Intermediate German

www.bellanovabooks.com

Copyright © 2023 by Jenny Goldmann

HARDCOVER
ISBN: 978-619-264-127-6
Imprint: Bellanova Books

All rights reserved. No part of this book may be reproduced in any form by any electronic or mechanical means including photocopying, recording, or information storage and retrieval without permission in writing from the author.

CONTENTS

Introduction	4
Dog Words Hundewörter	8
Sherlock, der Spürhund	10
Ludwig der Würstchenheld	22
Eine Tour der Wuffigkeit	33
Ein Hundespaziergang durch die Zeit	48
Vom Wasserscheuen zum Wasser-Schnüffler	59
Harry's Hundertprozentige Erfahrung beim Deutsch-Lernen	70
Wurstige Gefahren auf dem Oktoberfest	82
Hektor, der Hund, der eine Katze sein wollte	96
Der Hund von Nebenan	107
Koko's Schoko-Traum	118
Waldi: Der Pfotenheld aus den Alpen	131
Das Ungewöhnliche Team	142
Das Große Deutsche Bellen-Off	157
Bonus Story	168

INTRODUCTION

Welcome, dear dog lovers and German learners! We are excited to introduce you to our book, "Short Stories About Dogs in Easy-Intermediate German." This collection of 13 heartwarming, funny, and thought-provoking tales is designed to delight your senses and help you improve your German skills at the same time. So, let's embark on this exciting journey together, shall we?

Our stories cater to a range of language levels, making this book perfect for those who have mastered the basics and are now eager to explore the beautiful world of German literature. Don't worry if you stumble upon challenging words or phrases; we've got you covered with a helpful glossary at the end of each story.

To ensure a well-rounded learning experience, we've included a quiz and discussion questions after each tale. These exercises are designed to test your comprehension, encourage critical thinking, and spark conversation, making this book an ideal resource for solo study or group discussions.

How to use this book

Here are some tips on how to make the most out of this book:

Read regularly: Make a habit of reading in German on a regular basis. This will help you to build up your vocabulary and grammar skills over time.

Take notes: As you read, take notes on new words and phrases that you come across. You can also note down sentence structures and grammar rules that you find difficult to understand.

INTRODUCTION

Practice speaking: Use the new vocabulary and grammar that you have learned in the short stories in your conversations with other German speakers. This will help you to internalize the language and improve your fluency.

Test yourself: Use the quiz at the end of each story to test your knowledge, and use the speaking/writing prompts to challenge yourself even further.

So, without further ado, let's dive into the wonderful world of canines and German language learning. From adventurous escapades to touching moments of loyalty and love, these stories are sure to capture your heart and inspire your linguistic journey.

Remember, practice makes perfect! The more you read, discuss, and engage with the stories, the more confident and proficient you will become in German. As you progress through the book, you'll find yourself not only enjoying the tales but also discovering the joy of understanding and expressing yourself in a new language.

So, liebe Freunde, grab a cozy spot, snuggle up with your favorite canine companion (optional but recommended), and let's embark on this wunderbare adventure of short stories about dogs. Viel Spaß beim Lesen und Lernen!

DOG WORDS
HUNDEWÖRTER

- **bellen** (verb) - to bark
- **Bellen**, das (noun, plural: Gebelle) - bark
- **Halsband**, das (noun, plural: Halsbänder) - collar
- **Leine**, die (noun, plural: Leinen) - leash
- **Hundehütte**, die (noun, plural: Hundehütten) - doghouse
- **Hundefutter**, das (noun, plural: Hundefutter) - dog food
- **Hundepfote**, die (noun, plural: Hundepfoten) - dog paw
- **Hundespielzeug**, das (noun, plural: Hundespielzeuge) - dog toy
- **Gassi gehen** (verb phrase) - to walk the dog

- **Welpe**, der (noun, plural: Welpen) - puppy
- **Rasse**, die (noun, plural: Rassen) - breed (as in dog breed)
- **Maulkorb**, der (noun, plural: Maulkörbe) - muzzle
- **mit dem Schwanz wedeln** (verb) - to wag the tail
- **Hundeausstellung**, die (noun, plural: Hundeausstellungen) - dog show
- **Hundepark**, der (noun, plural: Hundeparks) - dog park

SHERLOCK, DER SPÜRHUND

In einer kleinen Stadt namens Königswald lebte ein Polizist namens Max. Max war ein freundlicher Polizist, aber er hatte ein Geheimnis: Er hatte einen Schäferhund namens Sherlock, der ihm half, **Verbrechen** zu lösen.

Sherlock war kein gewöhnlicher Hund. Er war klug und hatte eine **außergewöhnliche** Nase. Er konnte jeden Geruch erkennen und ihm folgen. Zusammen waren Max und Sherlock ein unschlagbares Team.

Eines Tages gab es in Königswald eine Serie von Diebstählen. Die Bewohner waren beunruhigt und die Polizei konnte den Täter

nicht finden. Max und Sherlock beschlossen, den Fall zu übernehmen.

Sie fuhren durch die Straßen der Stadt und suchten nach Hinweisen. Sherlock schnüffelte an Laternenpfählen, **Mülltonnen** und Türen, aber es schien, als ob der Dieb keine Spuren hinterlassen hatte.

"Dieser Dieb ist clever", sagte Max. "Aber wir werden ihn finden, Sherlock. Wir geben nicht auf."

Am nächsten Tag gab es einen weiteren Diebstahl. Diesmal war es ein Juweliergeschäft. Der Dieb hatte das Fenster eingeschlagen und teure **Schmuckstücke** gestohlen.

Max und Sherlock untersuchten den Tatort gründlich. Sherlock schnüffelte an den Scherben des Fensters und an den Schmuckstücken, aber er konnte keinen Geruch finden, der ihnen helfen würde.

"Wir brauchen eine neue Strategie", sagte Max. "Ich denke, wir sollten dem Dieb eine Falle stellen."

"Eine Falle, genau!", bellte Sherlock.

Max und Sherlock beschlossen, einen **Köder** auszulegen. Sie stellten eine teure Kette in das

Schaufenster eines Juweliers und warteten darauf, dass der Dieb zuschlagen würde.

In der Nacht kam der Dieb zurück und stahl die Kette. Aber dieses Mal hatte er nicht mit Sherlock gerechnet. Sherlock hatte den Geruch des Diebes erkannt und folgte ihm durch die Straßen der Stadt. Der Dieb führte Sherlock direkt zu seinem Versteck.

Max und die anderen Polizisten kamen schnell zur Stelle und **verhafteten** den Dieb. Die Bewohner von Königswald waren erleichtert und dankten Max und Sherlock für ihre harte Arbeit.

"Du bist ein echter Held, Sherlock", sagte Max, als er ihn streichelte. "Ohne dich hätten wir diesen Fall niemals gelöst."
"Es hat mir wirklich Spaß gemacht!", bellte Sherlock. "Es war mir eine Ehre, dir zu helfen."

Die Bewohner von Königswald waren so

dankbar, dass sie eine große Party für Max und Sherlock organisierten. Es gab Würstchen, Knochen und Leckerlis für alle Hunde in der Stadt.

"Das ist die beste Party, die ich je besucht habe", bellte Sherlock, als er einen riesigen Knochen kaute.

"Ich bin so stolz auf dich", sagte Max. "Du bist der beste Partner, den ich je hatte."

"Das ist alles Teil des Jobs", bellte Sherlock. "Aber ich denke, ich habe eine extra Knochenvergütung verdient!"

Alle lachten und genossen die Party, aber Max und Sherlock wussten, dass sie immer bereit sein mussten, um die Stadt vor Verbrechen zu schützen. Sie wussten, dass sie als Team unschlagbar waren und dass sie jederzeit bereit sein mussten, um einzugreifen.

In den nächsten Wochen arbeiteten Max und Sherlock an vielen Fällen. Sie lösten Verbrechen, fingen Diebe und halfen, vermisste Personen zu finden. Die Bewohner von Königswald waren dankbar und stolz auf ihr **unbesiegbares** Polizei-Hund-Team.

Eines Tages erhielt Max einen Anruf von einer verzweifelten Familie. Ihr kleiner Sohn war verschwunden und sie hatten ihn seit Tagen nicht gesehen. Max und Sherlock machten sich sofort auf den Weg, um den Jungen zu finden.

Sherlock schnüffelte an Bäumen, Büschen und am Boden, aber er konnte den Geruch des Jungen nicht finden. Max war sehr besorgt und fragte sich, ob sie den Jungen jemals finden würden.

Dennoch gab Sherlock nicht auf. Er folgte einem Geruch, der ihm in eine alte Scheune führte. Max folgte ihm schnell und sie fanden den Jungen, der in einer Ecke schlief.

"Du hast ihn gefunden, Sherlock!", sagte Max erleichtert.

"Ich wusste, dass wir ihn finden würden", wuffte Sherlock stolz.

Die Familie war überglücklich, ihren Sohn wiederzusehen, und sie dankten Max und Sherlock für ihre Hilfe. "Du bist der beste Hund, den ich je kennengelernt habe", sagte der kleine Junge und umarmte Sherlock.

Sherlock wedelte mit dem Schwanz und genoss die Aufmerksamkeit.
"Ich denke, ich habe meine Mission erfüllt", bellte Sherlock zu Max.

"Wir haben vielen Menschen geholfen und Verbrechen gelöst. Ich bin stolz darauf, dein Partner zu sein."

"Ich bin auch stolz auf dich, Sherlock", sagte Max. "Du bist ein unverzichtbarer Teil meines Teams. Ich könnte mir nicht vorstellen, ohne dich zu arbeiten."

Und so endete die Geschichte von Max und Sherlock, dem unbesiegbaren Polizei-Hund-Team von Königswald. Sie arbeiteten weiter zusammen und halfen, die Stadt sicherer zu machen. Die Bewohner von Königswald wussten, dass sie sich auf Max und Sherlock verlassen konnten und dass sie immer bereit sein würden, um sie zu schützen.

Wenn jemand nachts ein Geräusch hörte oder ein Verbrechen begangen wurde, dann wussten sie, dass Max und Sherlock bereits unterwegs waren, um zu helfen. Denn das war ihre Mission: die Stadt zu einem sicheren Ort zu machen und das Verbrechen zu bekämpfen - immer und überall.

NEUE WÖRTER

- **außergewöhnlich** (adj.) - extraordinary
- **Verbrechen**, das (noun, plural: Verbrechen) - crime
- **unbesiegbar** (adj.) - invincible
- **Köder**, der (noun, plural: Köder) - bait
- **Wertschätzung**, die (noun) - appreciation
- **Mülltonne**, die (noun, plural: Mülltonnen) - garbage can
- **Schmuckstück**, das (noun, plural: Schmuckstücke) - jewelry
- **verhaftet** (adj.) - arrested

TESTE DICH SELBST

1. Was war das Geheimnis von Max, dem Polizisten?

2. Was für ein Hund war Sherlock und wie half er Max bei seiner Arbeit?

3. Wie haben Max und Sherlock den Juwelierdieb gefasst?

4. Welchen Fall haben Max und Sherlock gelöst, nachdem sie einen Anruf von einer Familie erhalten haben?

5. Wie fühlten sich die Bewohner von Königswald über Max und Sherlock's Arbeit und was für eine Party haben sie für sie organisiert?

DISKUSSION -- SCHREIBEN ODER SPRECHEN

1. Denkst du, dass es in der Realität vorteilhaft ist, einen Hund als Polizeipartner zu haben? Warum oder warum nicht?
2. Die Gemeinschaft in Königswald hat ihre **Wertschätzung** für Max und Sherlock gezeigt, indem sie eine Party organisiert hat. Wie wichtig findest du es, Personen zu würdigen und Wertschätzung zu zeigen, die daran arbeiten, unsere Gemeinschaften sicher zu halten?
3. In der Geschichte arbeiten Max und Sherlock zusammen, um Verbrechen zu lösen und Menschen in Not zu helfen. Was sind einige andere Möglichkeiten, wie Menschen zusammenarbeiten können, um ihre Gemeinschaften besser und sicherer zu machen?

ANTWORTEN:

1. Max hatte einen Schäferhund namens Sherlock, der ihm half, Verbrechen zu lösen.
2. Sherlock war ein kluger Hund mit einer außergewöhnlichen Nase. Er konnte jeden Geruch erkennen und ihm folgen. Er half Max bei der Suche nach Hinweisen und der Aufklärung von Verbrechen.
3. Sie stellten eine teure Kette in das Schaufenster eines Juweliers als Köder aus und warteten darauf, dass der Dieb zuschlagen würde. Als der Dieb zurückkam und die Kette stahl, folgte Sherlock ihm und führte Max und die anderen Polizisten direkt zu seinem Versteck.
4. Die Familie meldete ihren verschwundenen Sohn bei Max und Sherlock. Mithilfe von Sherlocks Nase fanden sie den Jungen in einer alten Scheune und brachten ihn zurück zur Familie.
5. Die Bewohner waren dankbar und stolz auf das unbesiegbare Polizei-Hund-Team von Königswald. Sie organisierten eine große Party mit Würstchen, Knochen und Leckerlis für alle Hunde in der Stadt, um ihre Dankbarkeit auszudrücken.

LUDWIG DER WÜRSTCHENHELD

In einer kleinen Stadt in Deutschland lebte ein kleiner Hund namens Ludwig. Er war ein Dackel mit kurzen, braunen Haaren und großen, braunen Augen, aber was Ludwig von anderen Hunden unterschied, war seine Liebe zu Würstchen. Jeden Tag schnüffelte er durch die Stadt und suchte nach Würstchen.

Eines Tages hörte Ludwig, dass jemand die Würstchen des örtlichen Metzgers gestohlen hatte. Er war **entschlossen**, herauszufinden, wer es war, um den Diebstahl aufzuklären.

Er schnüffelte durch die Stadt und folgte seiner Nase zu einem nahegelegenen Wald. Während er dort die Gegend erkundete, stieß er auf ein seltsames Schloss in der Ferne.

Ludwig näherte sich dem Schloss und sah, dass dort eine **Hexe** war. Sie benutzte dunkle Magie, um Würstchen aus der Stadt zu stehlen und sie in ihrem Schloss einzusperren.

"Das ist nicht fair", murmelte Ludwig vor sich hin. "Ich muss etwas tun."

Er beschloss, sich auf den Weg zu machen und die Hexe zu stoppen. Unterwegs traf er auf seinen besten Freund, Fritz, einen freundlichen Labrador, der gerne Zeit im Park verbrachte und Frisbee spielte.

"Hey Ludwig, was machst du hier im Wald?", fragte Fritz.

"Ich habe herausgefunden, dass jemand Würstchen stiehlt, und ich glaube, ich weiß, wer es ist", antwortete Ludwig.

Fritz sah ihn besorgt an. "Du gehst nicht alleine zum Schloss, oder?"

Ludwig schüttelte den Kopf. "Ich werde deine Hilfe brauchen, Fritz."

"Natürlich werde ich dir helfen", sagte Fritz und folgte Ludwig zum Schloss.

Als sie das Schloss erreichten, sahen sie die

Hexe durch ein Fenster. Sie war gerade dabei, die gestohlenen Würstchen zu zählen. Ludwig und Fritz versteckten sich und beobachteten sie eine Weile, um ihren Plan zu **schmieden**.

"Ich denke, wir sollten von hinten angreifen", flüsterte Ludwig zu Fritz.

"Aber wie kommen wir rein?", fragte Fritz.

"Ich habe eine Idee", antwortete Ludwig. "Du gehst vor die Tür und bellst, als ob du in **Schwierigkeiten** wärst. Wenn die Hexe rauskommt, werde ich mich von hinten anschleichen und sie angreifen."

Fritz nickte und ging vor die Tür. Er bellte und heulte, als ob er in Schwierigkeiten wäre. Die Hexe kam heraus und sah sich um. In diesem Moment schlich sich Ludwig von hinten an und biss ihr in den Hintern.

Die Hexe schrie vor Schmerz und wendete

sich um, um Ludwig zu schlagen, aber Ludwig wich aus und biss erneut zu. Fritz nutzte die **Gelegenheit**, um die gestohlenen Würstchen zu schnappen und wegzulaufen.

Die Hexe rannte ihnen hinterher, aber sie waren schneller und konnten ihr entkommen. Sie brachten die gestohlenen Würstchen zurück in die Stadt und wurden als **Helden** gefeiert.

"Ludwig, du bist wirklich mutig", sagte Fritz stolz.

"Ich konnte das nicht ohne deine Hilfe tun", antwortete Fritz.

"Ja, wir haben das gemeinsam geschafft", antwortete Ludwig. "Ich bin froh, dass ich dich an meiner Seite hatte, Fritz."

Die Menschen der Stadt bedankten sich bei Ludwig und Fritz für ihre **Tapferkeit** und entschieden, ihnen eine besondere Belohnung zu geben. Sie luden die beiden als Ehrengast zum großen Würstchenfest ein, das jedes Jahr in der Stadt stattfand.

Ludwig und Fritz waren aufgeregt und bereit, das Fest zu genießen. Sie rannten durch die Stadt und besuchten alle Würstchenstände. Sie probierten Bratwurst, Currywurst, Krakauer und noch viele andere Sorten.

"Ich glaube, ich habe genug Würstchen für heute gegessen", sagte Ludwig schließlich.

"Ja, ich denke, ich auch", antwortete Fritz. "Aber ich bin froh, dass wir das Fest besucht haben. Es war ein großartiger Tag."

Sie liefen zurück zum Park und legten sich auf die Wiese, um sich auszuruhen. Ludwig starrte in den Himmel und dachte darüber nach, wie viel er gelernt hatte.

"Ich habe gelernt, dass es sich lohnt, für das

Richtige zu kämpfen", sagte er zu Fritz. "Ich war nur ein kleiner Hund, der nach Würstchen gesucht hat, aber ich habe gezeigt, dass ich mehr bin als das. Ich bin ein Held."

"Ja, das bist du", sagte Fritz und lächelte. "Du hast bewiesen, dass man auch als kleiner Hund Großes erreichen kann."

Ludwig schloss seine Augen und genoss die warme Sonne auf seinem Fell. Er war glücklich und zufrieden. Er hatte seine **Bestimmung** gefunden und war bereit, für seine Stadt zu kämpfen, wenn es nötig war. "Ich bin Ludwig, der sprechende Hund, und ich bin ein Held." träumte er vor sich hin.

NEUE WÖRTER

- **schmieden** (verb) - to forge
- **Gelegenheit**, die (noun, plural: Gelegenheiten) - opportunity
- **Bestimmung**, die (noun) - destiny
- **Tapferkeit**, die (noun) - bravery
- **Entschlossenheit**, die (noun) - determination
- **Hexe**, die (noun, plural: Hexen) - witch
- **Schwierigkeit**, die (noun, plural: Schwierigkeiten) - difficulty
- **Held**, der (noun, plural: Helden) - hero

TESTE DICH SELBST

1. Was unterscheidet Ludwig von anderen Hunden in der Stadt?

2. Was taten Ludwig und Fritz, als sie entdeckten, dass die Hexe Würstchen stahl?

3. Wie entkamen Ludwig und Fritz der Hexe?

4. Was taten die Menschen der Stadt, um Ludwig und Fritz zu danken?

5. Was hat Ludwig aus seinem Abenteuer gelernt?

DISKUSSION -- SCHREIBEN ODER SPRECHEN

1. Die Geschichte zeigt, dass selbst die kleinsten und ungewöhnlichsten Kreaturen Helden werden können, wenn sie den Mut haben, ihrer Bestimmung zu folgen. Kennst du andere Beispiele für diese Idee aus anderen Geschichten oder aus dem wirklichen Leben?
2. Wie wichtig ist es deiner Meinung nach, in schwierigen Situationen einen guten Freund an deiner Seite zu haben?
3. Die Geschichte deutet auch darauf hin, dass das Richtige zu tun nicht einfach ist, sich aber immer lohnt. Kannst du dich an eine Zeit in deinem Leben erinnern, in der du eine schwierige Wahl zwischen dem Richtigen und dem Einfachen treffen musstest? Was hast du gewählt und wie hat es dich beeinflusst?

Antworten

1. Ludwig unterschied sich von anderen Hunden in der Stadt durch seine besondere Liebe zu Würstchen.
2. Ludwig und Fritz beschlossen, die Hexe zu stoppen und die gestohlenen Würstchen zurückzubringen.
3. Ludwig biss die Hexe und Fritz nutzte die Gelegenheit, um die gestohlenen Würstchen zu schnappen und wegzulaufen.
4. Die Menschen der Stadt luden Ludwig und Fritz zum großen Würstchenfest ein, um ihnen für ihre Tapferkeit zu danken.
5. Ludwig hat aus seinem Abenteuer gelernt, dass es sich lohnt, für das Richtige zu kämpfen und dass auch kleine und ungewöhnliche Kreaturen Großes erreichen können, wenn sie nur den Mut haben, ihre Bestimmung zu finden.

EINE TOUR DER WUFFIGKEIT

Es war einmal ein kleiner Hund namens Philipp, der in Berlin lebte. Philipp war kein gewöhnlicher Hund, denn er war ein Tourguide für Hunde! Wenn andere Hunde nach Berlin kamen, um die Stadt zu besichtigen, dann war Philipp ihr Führer.

Eines Tages, als Philipp auf dem Weg zu einer Tour war, traf er eine Gruppe von Hunden, die er noch nie zuvor gesehen hatte. Sie waren sehr aufgeregt und baten Philipp, sie auf eine Tour durch Berlin mitzunehmen.

"Natürlich!", sagte Philipp. "Ich bin immer bereit, neuen Hunden die Stadt zu zeigen."

Die Gruppe bestand aus fünf Hunden: zwei Golden Retriever, eine Bulldogge, ein Dackel und ein großer Bernhardiner. Philipp war

EINE TOUR DER WUFFIGKEIT

beeindruckt von der Größe des Bernhardiners und war sich nicht sicher, ob er in der Lage sein würde, die Gruppe sicher durch die Stadt zu führen.

"Wie heißen Sie alle?", fragte Philipp höflich.

"Ich bin Buddy", sagte der größte Hund. "Das sind Bella und Bruno", sagte er und zeigte auf die beiden Golden Retriever. "Das ist Berta", sagte er und zeigte auf die Bulldogge. "Und das ist Benny", sagte er und zeigte auf den Dackel.

Philipp war froh, dass er sich die Namen gemerkt hatte. In der Vergangenheit ging schon einmal eine Gruppe von Hunden verloren, weil er sich ihre Namen nicht gemerkt hatte.

"Also gut", sagte Philipp. "Lasst uns mit der Tour beginnen!"

Philipp führte die Gruppe durch die Straßen von Berlin. Er zeigte ihnen das Brandenburger Tor, den Reichstag und das Berliner **Olympiastadion**. Die Gruppe war begeistert und machte viele Fotos.

Nach ein paar Stunden war es Zeit für eine Pause. "Lasst uns eine Pause machen und etwas essen", sagte Buddy.

"Ja, das ist eine gute Idee", sagte Philipp. "Ich kenne einen tollen Platz, an dem wir uns ausruhen und etwas essen können."

Philipp führte die Gruppe zu einem Hundecafé in der Nähe. Es war ein wunderschöner Ort, mit vielen Hunden, die herumliefen und spielten.

"Wow, das ist toll!", sagte Bella.

"Ich bin hungrig", sagte Berta und lief zum Tresen.

"Was möchtest du essen?", fragte der Besitzer des Cafés.
"Ich hätte gerne einen Knochen und einen Teller Wasser", sagte Berta.

"Für mich auch das Gleiche", sagte Buddy.

"Und ich hätte gerne ein Würstchen", sagte Bruno.

Philipp bestellte eine Schüssel Wasser und ein paar Kekse für sich selbst. Als sie ihr Essen bekamen, setzten sie sich an einen Tisch und begannen zu essen. Die Hunde plauderten und tauschten Geschichten aus.

"Erinnerst du dich an den Tag, als wir den Müllsack zerrissen haben?", sagte Benny.

"Ja, das war lustig", sagte Berta und lachte.

Nachdem alle fertig waren, gingen sie wieder raus auf die Straße. Plötzlich hörten sie ein lautes Geräusch. Es war ein lautes Rumpeln und Krachen, das von einer nahe gelegenen **Baustelle** kam.

Philipp wusste, dass die Baustelle gefährlich sein könnte und entschied, die Gruppe in Sicherheit zu bringen. Er führte sie schnell in eine Gasse, um sich zu verstecken. Doch als sie dort ankamen, bemerkten sie etwas Seltsames.

EINE TOUR DER WUFFIGKEIT

Ein kleiner Hund, der ganz allein war, stand in der Gasse und blickte traurig auf den Boden. Es war ein Chihuahua und er sah sehr verloren und ängstlich aus.

Philipp wusste, dass er etwas tun musste, um dem kleinen Hund zu helfen. "Hey, kleiner Freund, was ist los?", fragte er sanft.

Der Chihuahua sah auf und antwortete schluchzend: "Ich bin von meinem Besitzer getrennt worden und weiß nicht, wie ich ihn wiederfinden soll." "Kannst du mir helfen?"

Die Gruppe der Hunde war berührt von der traurigen Geschichte des kleinen Chihuahuas und Philipp entschied sich, ihm zu helfen. "Klar können wir dir helfen!", sagte er. "Wir werden dich nicht im Stich lassen."

Die Gruppe der Hunde begann sofort damit, den Chihuahua zu trösten und ihn zu beruhigen. Sie schnüffelten herum und suchten nach **Spuren**, die ihnen helfen könnten, den Besitzer des Chihuahuas zu finden.

Doch dann, als sie weiter durch die Gassen streiften, bemerkten sie etwas noch Seltsameres: eine Gruppe von Katzen, die sich um ein kleines Mädchen versammelt hatten. Das Mädchen weinte und rief nach ihrer Mutter, die nirgendwo zu sehen war.
Philipp wusste, dass er etwas tun musste, um dem Mädchen zu helfen. Er bat die Gruppe der Hunde, beim Chihuahua zu bleiben, und eilte mit einigen anderen Hunden, die er auf der Straße traf, zum Ort des Geschehens.

Als sie dort ankamen, stellten sie fest, dass das Mädchen verletzt war und dringend **ärztliche Hilfe** benötigte. Philipp und die anderen Hunde beschlossen, das Mädchen zu begleiten und sie ins Krankenhaus zu bringen.

Auf dem Weg zum Krankenhaus trafen sie auf eine Gruppe von Rettungskräften, die gerade auf dem Weg zu einem anderen Notfall waren. Philipp und die anderen Hunde baten sie um Hilfe und gemeinsam brachten sie das Mädchen in Sicherheit.

Um dem Chihuahua bei der Suche nach seinem Besitzer zu helfen, kam der Gruppe eine Idee. Sie entschieden sich, die Hilfe der Katzen in Anspruch zu nehmen, die sich um das kleine Mädchen gekümmert hatten. Die Katzen, die für ihre scharfen Sinne und Neugier bekannt waren, schlossen sich gerne der Suche an. Sie begannen damit, die Gegend zu erkunden und jedem Hinweis nachzugehen, der ihnen begegnete.

Nach einiger Zeit entdeckten sie eine verloren geglaubte Hundeleine, die dem Chihuahua gehörte. Durch das gemeinsame Bemühen von Hunden und Katzen gelang es ihnen, den Geruch der Leine aufzunehmen und den Besitzer des Chihuahuas aufzuspüren. Schließlich fanden sie den besorgten Besitzer in einem nahegelegenen Park, der überglücklich war, seinen geliebten Chihuahua wieder in die Arme schließen zu können.

Am Ende des Tages hatte Philipp nicht nur die Gruppe von Hunden sicher durch die Straßen von Berlin geführt, sondern er hatte auch dazu beigetragen, das Leben eines kleinen Mädchens zu retten und einen verlorenen Chihuahua wieder mit seinem Besitzer zu vereinen.

Die Gruppe der Hunde war beeindruckt von Philipp und bedankte sich bei ihm für seine **heldenhaften** Taten. Sie waren dankbar, ihn als ihren Führer zu haben und freuten sich auf ihre nächste Tour mit ihm.

Und so endet die Geschichte von Philipp, dem Tourguide-Hund, der seine Arbeit mit Leidenschaft und **Hingabe** machte und der immer bereit war, anderen zu helfen, wenn sie in Not waren. Seine Geschichte verbreitete sich schnell in der Hunde-Community von Berlin und bald wurde er als Held gefeiert.

Philipp selbst war **bescheiden** und fuhr fort, seine Arbeit als Tourguide-Hund zu machen, immer auf der Suche nach neuen Abenteuern und Möglichkeiten, anderen zu helfen.

So blieb Philipp in Erinnerung als einer der großartigsten Hunde, die je gelebt haben. Seine Geschichte lebt weiter und wird von Generationen von Hunden und Hundebesitzern erzählt werden, die von seiner Tapferkeit und seinem **Engagement** für das Wohlergehen anderer **inspiriert** sind.

NEUE WÖRTER

- **Baustelle**, die (noun, plural: Baustellen) - construction site
- **Olympiastadion**, das (noun, plural: Olympiastadien) - Olympic stadium
- **Spur**, die (noun, plural: Spuren) - trace
- **ärztliche Hilfe**, die (noun) - medical assistance
- **Heldenhaftigkeit**, die (noun) - heroism
- **Engagement**, das (noun) - commitment
- **inspiriert** (adj.) - inspired
- **Hingabe**, die (noun) - devotion
- **bescheiden** (adj.) - humble

EINE TOUR DER WUFFIGKEIT

TESTE DICH SELBST

1. Was war Philipp's ungewöhnlicher Job in Berlin?

2. Welche Hunde gehörten zu der Gruppe, die Philipp auf seiner Tour führte?

3. Was passierte, als Philipp und die Hunde Rumpeln und Krachen hörten?

4. Wer brauchte Philipp's Hilfe in der Geschichte und wie hat er ihnen geholfen?

5. Wie endet die Geschichte von Philipp und welche Bedeutung hat er für die Hunde-Community in Berlin?

DISKUSSION -- SCHREIBEN ODER SPRECHEN

1. Wenn du in einer ähnlichen Situation wärst wie der verlorene Chihuahua, würdest du jemanden wie Philipp um Hilfe bitten? Warum oder warum nicht?

2. Was denkst du, hat Philipp dazu inspiriert, dem verletzten Mädchen zu helfen? Warum war das wichtig für ihn?

3. Inwiefern zeigt die Geschichte, dass es auch in schwierigen Situationen immer Möglichkeiten gibt, anderen zu helfen? Kennst du eine ähnliche Situation, in der du anderen geholfen hast?

EINE TOUR DER WUFFIGKEIT

ANTWORTEN

1. Philipp war ein Tourguide für Hunde in Berlin.
2. Die Gruppe bestand aus einem Bernhardiner, einem Dackel, zwei Golden Retrievern und einer Bulldogge.
3. Sie bemerkten einen ungewöhnlichen Lärm von einer nahegelegenen Baustelle und Philipp brachte die Gruppe in eine Gasse, um sich zu verstecken. Dort trafen sie einen verlorenen Chihuahua.
4. Philipp half dem Chihuahua, seinen Besitzer zu finden, und half einem verletzten Mädchen, das sie auf der Straße trafen, ins Krankenhaus zu bringen.
5. Die Geschichte endet damit, dass Philipp von den Hunden in Berlin als Held gefeiert wird, der immer bereit war, anderen zu helfen. Seine Geschichte wird von Generationen von Hunden und Hundebesitzern weitererzählt, die von seinem Engagement für das Wohlergehen anderer inspiriert sind.

EIN HUNDESPAZIER-GANG DURCH DIE ZEIT

Es war ein sonniger Tag im Schwarzwald und eine Gruppe deutscher Hunde hatte beschlossen, gemeinsam wandern zu gehen. Sie liefen durch den Wald und spielten Fangen, während sie auf der Suche nach einem guten Platz für ein Picknick waren. Plötzlich bemerkte einer der Hunde, der Labrador Retriever namens Otto, etwas Seltsames im Boden. Es war ein Metallbehälter mit einer Schrift darauf, die sie nicht lesen konnten.

"Was ist das?", fragte Otto, als er den Behälter aus dem Boden zog.

"Ich weiß es nicht", sagte der Deutsche Schäferhund, der als Bruno bekannt war.

EIN HUNDESPAZIERGANG DURCH DIE ZEIT

"Vielleicht ist es ein Schatz!", rief der Dackel namens Felix.

Die Hunde beschlossen, den Behälter zu öffnen und fanden darin eine Zeitkapsel. Darin waren ein Brief, eine Karte und einige alte Gegenstände. Der Brief erzählte von einer Familie, die in den 1940er Jahren im Schwarzwald lebte und eine Zeitkapsel **vergraben** hatte, um ihre Geschichte für die

Zukunft zu bewahren.

"Das ist unglaublich!", rief der Boxer namens Karl. "Lasst uns die Gegenstände untersuchen und herausfinden, was sie bedeuten!"

Die Hunde studierten die Gegenstände, darunter eine alte Karte von Deutschland, eine Münze aus dem Jahr 1942 und ein Foto von einer Familie. Plötzlich begannen sie sich zu drehen und zu wirbeln, als ob sie von einem Sturm erfasst worden wären. Alles um sie herum verschwamm und verschwand. Als sie wieder zur Besinnung kamen, fanden sie sich in einer anderen Zeit wieder.

"Was ist los? Wo sind wir?", fragte Felix.

"Das ist komisch", sagte Bruno. "Das sieht aus wie Deutschland, aber es ist anders."

Die Hunde sahen sich um und bemerkten, dass sie in einer Stadt waren, die von hohen

Mauern und **Stacheldraht** umgeben war. Soldaten patrouillierten auf den Straßen und Flugzeuge flogen über ihnen.

"Das ist Krieg", sagte Otto. "Wir sind im **Zweiten Weltkrieg** gelandet."

Die Hunde waren **verängstigt** und wussten nicht, was sie tun sollten. Plötzlich hörten sie Schüsse und Explosionen in der Ferne. Sie rannten umher und suchten nach einem sicheren Ort. Schließlich fanden sie eine verlassene Scheune, in der sie sich verstecken konnten.

"Was machen wir jetzt?", fragte Karl.

"Ich denke, wir müssen herausfinden, wie wir zurückkehren können", sagte Bruno. "Wir können nicht hier bleiben."

Die Hunde beschlossen, die Gegend zu erkunden und herauszufinden, wie sie in die Gegenwart zurückkehren konnten. Sie krochen durch die Stadt, vorbei an **zerstörten** Gebäuden und aufgegebenen Straßen. Sie sahen **verzweifelte** Menschen, die um ihr Leben kämpften, und bemerkten, wie schrecklich der Krieg wirklich war.

Als sie durch die Stadt wanderten, bemerkten sie ein altes Gebäude, das anders aussah als die anderen. Sie gingen hinein und sahen eine Gruppe von **Wissenschaftlern**, die an einem **seltsamen Gerät** arbeiteten. Die Hunde näherten sich den Wissenschaftlern und baten um ihre Hilfe.

"Wir sind aus der Zukunft hierher gereist und wir wollen zurückkehren", erklärte Bruno.

Die Wissenschaftler sahen die Hunde skeptisch an, aber als sie den Inhalt der Zeitkapsel sahen, erkannten sie, dass sie die Wahrheit sprachen. Sie erklärten, dass sie an einer Zeitmaschine arbeiteten, das die Hunde wieder zurück in ihre Zeit bringen könnte.

EIN HUNDESPAZIERGANG DURCH DIE ZEIT

Die Hunde waren erleichtert und dankbar für die Hilfe der Wissenschaftler. Sie baten die Wissenschaftler, ihnen zu helfen, zurück in ihre Zeit zu gelangen, bevor es zu spät war. Die Wissenschaftler stellten das Gerät ein und schickten die Hunde zurück in die Gegenwart.

Als die Hunde wieder im Schwarzwald ankamen, waren sie glücklich, wieder in ihrer Zeit zu sein. Sie waren erleichtert, dass sie den Krieg hinter sich gelassen hatten und zurück in einer friedlichen Zeit waren.

"Das war eine unglaubliche Erfahrung", sagte Otto. "Aber ich bin froh, dass wir zurück sind."

Die Hunde beschlossen, die Zeitkapsel wieder an ihren Platz zu legen und entschieden, nie wieder in die Vergangenheit zu reisen. Sie hatten viel gelernt und erkannt, dass es wichtig ist, in der Gegenwart zu leben und das Leben zu genießen.

Die Hunde gingen zurück zum Picknickplatz und erzählten ihren Freunden von ihrer unglaublichen Reise. Sie wussten, dass es ein Erlebnis war, das sie nie vergessen würden.

Und so endet die Geschichte der Hunde, die eine Zeitkapsel gefunden haben und in die Vergangenheit gereist sind. Es war eine Reise voller Abenteuer, Entdeckungen und Lektionen. Die Hunde haben gelernt, dass die Vergangenheit genauso wichtig ist wie die Gegenwart, aber dass es auch wichtig ist, im Hier und Jetzt zu leben und das Leben zu genießen.

NEUE WÖRTER

- **vergraben** (verb) - to bury
- **Zweiter Weltkrieg**, der (noun) - Second World War
- **Stacheldraht**, der (noun, plural: Stacheldrähte) - barbed wire
- **Wissenschaftler**, der (noun, plural: Wissenschaftler) - scientist
- **seltsam** (adj.) - strange
- **Gerät**, das (noun, plural: Geräte) - device
- **verzweifelt** (adj.) - desperate
- **zerstört** (adj.) - destroyed
- **verängstigt** (adj.) - frightened

TESTE DICH SELBST

1. Was haben die Gruppe deutscher Hunde während ihrer Wanderung im Schwarzwald gefunden?

2. Was war in der Zeitkapsel, die die Hunde gefunden haben?

3. Wohin hat die Zeitkapsel die Hunde transportiert?

4. Was haben die Hunde unternommen, um zurück in ihre eigene Zeit zu gelangen?

5. Welche Lektion haben die Hunde aus ihrem Abenteuer in der Vergangenheit gelernt?

DISKUSSION -- SCHREIBEN ODER SPRECHEN

1. Wenn du die Gelegenheit hättest, eine Zeitkapsel zu erstellen, was würdest du hineinlegen und warum?

2. Was hast du aus der Geschichte über die Bedeutung der Vergangenheit und das Bewahren von Erinnerungen gelernt?

3. Denkst du, dass es wichtig ist, die Geschichte unseres Landes zu verstehen? Warum oder warum nicht?

4. Welche Epoche der Geschichte findest du am interessantesten? Warum?

ANTWORTEN

1. Die Gruppe deutscher Hunde hat, während ihrer Wanderung im Schwarzwald, eine Zeitkapsel gefunden.

2. In der Zeitkapsel waren ein Brief, eine Karte und einige alte Gegenstände.

3. Die Zeitkapsel hat die Hunde in die Zeit des Zweiten Weltkriegs in Deutschland transportiert.

4. Die Hunde haben die Gegend erkundet und schließlich Hilfe von Wissenschaftlern erhalten, die ihnen geholfen haben, zurück in ihre eigene Zeit zu gelangen.

5. Die Hunde haben gelernt, dass die Vergangenheit genauso wichtig wie die Gegenwart ist, aber dass es auch wichtig ist, im Hier und Jetzt zu leben und das Leben zu genießen.

VOM WASSERSCHEUEN ZUM WASSER-SCHNÜFFLER

Es war einmal ein kleines Dorf in Deutschland, in dem ein Hund namens Heidi lebte. Heidi war ein **Mischling** mit einem hellen Fell und braunen Flecken. Sie liebte es, mit den Kindern des Dorfes zu spielen, aber sie hatte eine große Angst: Wasser.

Eines Tages beschloss Heidis Besitzer, ein Mann namens Hans, mit ihr an die Ostsee zu fahren. "Komm mit, Heidi. Es wird eine schöne Reise", sagte er zu ihr.

Heidi zögerte. "Ich habe Angst vor dem Wasser", sagte sie besorgt.

"Aber es wird kein Problem geben", sagte Hans und lächelte. "Wir werden nur am Strand entlang spazieren. Du wirst sehen, dass es nicht so schlimm ist."

Also stimmte Heidi zu und die beiden machten sich auf den Weg zur Ostsee. Als sie ankamen, sah Heidi, wie die Kinder im Wasser spielten und herumliefen. Sie beobachtete sie aus der Ferne und seufzte. "Ich wünschte, ich könnte auch schwimmen und spielen."

Hans bemerkte Heidis **Enttäuschung** und beschloss, ihr zu helfen. "Heidi, ich werde dir beibringen, wie man schwimmt. Du musst mir nur vertrauen", sagte er.

Heidi war unsicher, aber sie vertraute Hans. Also zogen sie ihre Schuhe aus und gingen ins Wasser. Hans hielt Heidi fest, während sie mit ihren Beinen strampelte und ihre Pfoten zappelten.

Als eine große Welle auf sie zurollte, bekam Heidi Panik. Sie paddelte wild mit ihren Beinen und versuchte, aus Hans' Griff zu entkommen. Schließlich gelang es ihr, sich loszureißen, und sie schwamm auf das offene Meer hinaus.

VOM WASSERSCHEUEN ZUM WASSER-SCHNÜFFLER

Hans schrie und winkte, aber Heidi hörte ihn nicht mehr. Sie schwamm und schwamm, bis sie völlig **erschöpft** war. Schließlich konnte sie nicht mehr und begann, unterzugehen.

In diesem Moment hörte sie eine Stimme.

"Heidi, ich bin hier!" Es war Hans. Er hatte sich ein Boot geliehen und war ihr gefolgt. Als er Heidi im Wasser sah, zögerte er nicht und sprang hinein, um sie zu retten.

Heidi war erleichtert, als sie Hans sah. "Danke, dass du gekommen bist, Hans. Ich dachte, ich würde ertrinken."

Hans lächelte sie an. "Du hast mich gerettet, Heidi. Ich wäre niemals hierhergekommen, wenn du nicht ins Wasser gegangen wärst. Du hast gezeigt, dass du mutiger bist als du dachtest."

Heidi war überrascht. "Wirklich? Ich habe mich nicht mutig gefühlt."

Hans nickte. "Ja, wirklich. Du hast dich deiner größten Angst gestellt und hast mich gerettet. Das ist mutig."

Heidi lächelte und fühlte sich stolz. "Ich bin

mutig, nicht wahr?"

Hans nickte. "Ja, du bist mutig. Und du hast mir auch gezeigt, dass man manchmal Hilfe braucht, um seine Ziele zu erreichen."

Heidi sah ihn verwirrt an. "Was meinst du?"

"Du hast mich gebraucht, um schwimmen zu lernen", erklärte Hans. "Es ist okay, Hilfe zu brauchen, um etwas zu erreichen. Das zeigt, dass man stark und mutig ist, weil man seinen eigenen Schwächen gegenübersteht und bereit ist, **Unterstützung** anzunehmen."

Heidi nickte nachdenklich. "Ich verstehe. Danke, Hans."

Von diesem Tag an war Heidi nicht mehr so ängstlich vor Wasser. Sie wollte lernen, wie man schwimmt und war neugierig auf neue Abenteuer. Als sie zurück im Dorf ankamen, erzählte sie den Kindern des Dorfes von ihrem

Erlebnis am Meer und wie sie ihre größte Angst überwunden hatte. Die Kinder staunten und **bewunderten** Heidi für ihre Tapferkeit und ihren Mut.

Heidi war glücklich, dass sie ihren Besitzer und sich selbst gerettet hatte. Sie war stolz darauf, dass sie mutiger war, als sie jemals gedacht hatte. Und sie wusste, dass sie jederzeit auf Hans zählen konnte, wenn sie Hilfe brauchte.

Die Kinder des Dorfes begannen, Heidi als Heldin zu betrachten und nannten sie die "**Schwimmkönigin**". Heidi lächelte bescheiden und genoss die Aufmerksamkeit.

Von diesem Tag an wurde Heidi nicht nur für ihre Freundlichkeit und ihr fröhliches Wesen, sondern auch für ihre Tapferkeit und ihren Mut geschätzt. Sie hatte gezeigt, dass man alles erreichen kann, wenn man bereit ist, sich seinen Ängsten zu stellen und Unterstützung anzunehmen.

VOM WASSERSCHEUEN ZUM WASSER-SCHNÜFFLER

Heidi hatte auch eine neue Leidenschaft gefunden: das Schwimmen. Sie übte jeden Tag im nahegelegenen See und wurde immer besser darin. Eines Tages beschloss sie sogar, an einem lokalen Schwimmwettbewerb teilzunehmen. Die Kinder des Dorfes unterstützten sie und feuerten sie an, als sie als Erste die **Ziellinie** überquerte.

Heidi fühlte sich glücklich und stolz. Sie hatte bewiesen, dass man alles erreichen kann, wenn man nur an sich glaubt und hart arbeitet. Und sie wusste, dass sie immer eine Heldin im Herzen der Kinder des Dorfes bleiben würde.

NEUE WÖRTER

- **Mischling**, der (noun, plural: Mischlinge) - mixed breed
- **erschöpft** (adj.) - exhausted
- **bewunderten** (verb) - admired
- **Ziellinie**, die (noun, plural: Ziellinien) - finish line
- **Schwimmkönigin**, die (noun, plural: Schwimmköniginnen) - swimming queen
- **Enttäuschung**, die (noun, plural: Enttäuschungen) - disappointment
- **Unterstützung**, die (noun) - support

TESTE DICH SELBST

1. Was war Heidis größte Angst?

2. Wer hat Heidi geholfen, ihre Angst vor dem Wasser zu überwinden?

3. Was ist passiert, als Heidi ins offene Meer geschwommen ist?

4. Was hat Hans zu Heidi gesagt, um ihr zu helfen, ihre Angst zu überwinden?

5. Wie wurde Heidi im Dorf genannt, nachdem sie den Schwimmwettbewerb gewonnen hatte?

DISKUSSION -- SCHREIBEN ODER SPRECHEN

1. Was denkst du, ist der wichtigste Schritt, um eine Angst zu überwinden?

2. Glaubst du, dass es gut ist, seine Schwächen zu akzeptieren und um Hilfe zu bitten, um seine Ziele zu erreichen?

3. Hast du schon einmal eine Herausforderung gemeistert, die dir Angst gemacht hat? Wie hast du das geschafft?

4. Warum denkst du, dass es wichtig ist, anderen zu helfen und ihnen Unterstützung zu bieten, wenn sie in einer schwierigen Situation sind?

VOM WASSERSCHEUEN ZUM WASSER-SCHNÜFFLER

ANTWORTEN

1. Heidis größte Angst war das Wasser.

2. Hans hat Heidi geholfen, ihre Angst vor dem Wasser zu überwinden.

3. Heidi war völlig erschöpft und begann unterzugehen, bevor Hans sie gerettet hat.

4. Hans sagte zu Heidi, dass sie ihm vertrauen solle und dass es okay sei, Hilfe zu benötigen, um ihre Ziele zu erreichen.

5. Heidi wurde im Dorf "Schwimmkönigin" genannt, nachdem sie den Schwimmwettbewerb gewonnen hatte.

HARRY'S HUNDERTPROZENTIGE ERFAHRUNG BEIM DEUTSCHLERNEN

Es war einmal ein kleiner Hund namens Harry. Er lebte in England und konnte nur Englisch sprechen. Eines Tages beschloss er, Deutsch zu lernen und machte sich auf den Weg nach Deutschland.

Als er in Deutschland ankam, traf er eine nette Familie, die ihm half, Deutsch zu lernen. Doch Harry war nicht zufrieden damit, nur aus Büchern und Notizen zu lernen. Er wollte auf eine **einzigartige** und unterhaltsame Weise lernen.

Eines Tages traf Harry einen jungen deutschen Jungen namens Max. Max war sehr lustig und energiegeladen. Harry mochte ihn sehr und fragte ihn, ob er ihm helfen könne, Deutsch zu lernen.

HARRY'S HUNDERTPROZENTIGE ERFAHRUNG BEIM DEUTSCH-LERNEN

Max dachte einen Moment nach und sagte dann: "Ich weiß genau, was du brauchst, Harry. Du musst lernen, wie man deutsche Lieder singt."

Harry war etwas verwirrt und fragte: "Wie soll das helfen?"

Max antwortete: "Nun, wenn du ein Lied auf Deutsch lernst, lernst du auch die **Aussprache** und den **Wortschatz**. Außerdem ist es eine lustige Art zu lernen."

Harry war begeistert von der Idee und begann sofort, deutsche Lieder zu lernen. Er sang sie den ganzen Tag, während er durch die Straßen spazierte und die Leute anstarrte.

Eines Tages traf er einen alten Mann, der ihn beobachtete. Der Mann war sehr amüsiert von Harrys Gesang und begann zu lachen.

Harry fragte: "Was ist so lustig?"

Der alte Mann antwortete: "Nun, du singst die Lieder auf Englisch, nicht auf Deutsch."

Harry war verwirrt und fragte: "Wie konnte ich das verpassen?"

Der alte Mann sagte: "Mach dir keine Sorgen,

Harry. Ich habe eine Idee, wie du dein Deutsch verbessern kannst."

Er zog eine kleine **Schachtel** aus seiner Tasche und sagte: "Hier, nimm diese Schokolade. Aber du darfst sie nur essen, wenn du etwas auf Deutsch sagst."

Harry war begeistert von der Idee und nahm die Schokolade. Er begann sofort, deutsche Wörter und Sätze zu üben, damit er die Schokolade essen konnte.

Eines Tages traf Harry eine Katze namens Mia. Mia konnte fließend Deutsch sprechen und bot an, Harry zu helfen.

Sie sagte: "Ich werde dir helfen, Harry. Aber du musst mir etwas helfen. Ich brauche jemanden, der mir hilft, eine Maus zu fangen."

Harry war sich nicht sicher, ob er das konnte, aber er wollte Mia helfen, Deutsch zu lernen.

Also stimmte er zu.

Sie gingen zusammen auf die Jagd und fingen schließlich die Maus. Mia war so glücklich, dass sie zu Harry sagte, dass sie ihm jetzt Deutsch beibringen würde.

Mia brachte Harry bei, wie man auf Deutsch redet, wie man Katzenfutter sagt und wie man eine Maus fängt. Harry fand es sehr interessant, von einer Katze zu lernen.

Eines Tages traf Harry eine Gruppe von Hunden im Park. Sie waren alle Deutsche Schäferhunde und sprachen fließend Deutsch. Harry war sehr beeindruckt von ihnen und fragte, wie sie so gut Deutsch sprechen konnten.

Ein Schäferhund namens Fritz antwortete: "Nun, wir sind alle in einer Deutschschule für Hunde. Wir lernen, wie man auf Deutsch bellt und wie man **Befehle** auf Deutsch versteht."

Harry war begeistert von der Idee und fragte, ob er der Schule beitreten könne.

Fritz sagte: "Klar, aber du musst zuerst eine **Prüfung** bestehen."

Harry stimmte zu und begann hart zu arbeiten, um für die Prüfung zu lernen. Er sang deutsche Lieder, sprach mit Mia auf Deutsch und übte seine Befehle mit Max.

Schließlich war der Tag der Prüfung gekommen. Harry war **aufgeregt**, aber auch nervös. Er betrat den Prüfungsraum und sah eine Gruppe von **strengen** Lehrern.
Die Lehrer gaben ihm verschiedene Aufgaben wie "Sitz!", "Platz!" und "Komm her!" auf Deutsch. Harry meisterte sie alle und erhielt schließlich sein **Diplom**.

Er war so stolz auf sich selbst und dankbar für all die einzigartigen Möglichkeiten, Deutsch zu lernen, die er gefunden hatte.

Am Ende seines Aufenthalts in Deutschland lud Max Harry zu einer Abschiedsparty ein. Harry sang deutsche Lieder, sprach Deutsch mit Mia und zeigte seinen neuen deutschen Schäferhundfreunden, was er gelernt hatte.

Als die Party zu Ende war, sagte Max zu Harry: "Du bist ein unglaublicher Hund, Harry. Du hast so hart gearbeitet, um Deutsch zu lernen, und du hast so viele einzigartige Wege gefunden, um es zu tun."

Harry antwortete: "Danke, Max. Ich werde all das, was ich hier gelernt habe, nie vergessen. Und wer weiß, vielleicht werde ich irgendwann zurückkehren, um noch mehr Deutsch zu lernen."

Mit einem Lächeln auf seinem Gesicht verließ Harry Deutschland, sein Kopf voller deutscher Lieder, Wörter und Erinnerungen.

NEUE WÖRTER

- **einzigartig** (adj.) - unique
- **Aussprache**, die (noun, plural: Aussprachen) - pronunciation
- **Wortschatz**, der (noun, plural: Wortschätze) - vocabulary
- **Prüfung**, die (noun, plural: Prüfungen) - exam
- **Schachtel**, die (noun, plural: Schachteln) - box
- **aufgeregt** (adj.) - excited
- **Diplom**, das (noun, plural: Diplome) - diploma
- **Befehl**, der (noun, plural: Befehle) - command
- **streng** (adj.) - strict

TESTE DICH SELBST

1. Wie heißt der Hund in der Geschichte und woher kommt er?

2. Was ist Harrys Ziel, als er nach Deutschland geht?

3. Was ist Max' einzigartige Methode, um Harry beim Deutschlernen zu helfen?

4. Wer bringt Harry Deutsch bei und wie?

5. Was erreicht Harry am Ende der Geschichte und wie steht er zu seiner Erfahrung in Deutschland?

DISKUSSION -- SCHREIBEN ODER SPRECHEN

1. Was sind coole und spaßige Wege, eine neue Sprache zu lernen, wie in der Geschichte? Hast du schon mal welche davon ausprobiert?

2. Findest du es wichtig, eine neue Sprache zu lernen? Welche Vorteile bringt es deiner Meinung nach im Leben und wie kann es deine Möglichkeiten erweitern?

3. Was sind die größten Herausforderungen, die du beim Deutschlernen überwunden hast?

4. Was hältst du von der Immersionsmethode beim Sprachenlernen?

Antworten

1. Der Hund in der Geschichte heißt Harry und kommt aus England.
2. Harrys Ziel ist es, Deutsch zu lernen.
3. Max schlägt vor, dass Harry deutsche Lieder singt, um seine Aussprache und seinen Wortschatz zu verbessern.
4. Mia, eine Katze, bringt Harry Deutsch bei, indem sie ihm beibringt, wie man auf Deutsch spricht.
5. Am Ende der Geschichte besteht Harry eine Prüfung in Deutsch und erhält sein Diplom. Er ist stolz auf seine Leistungen und erinnert sich gerne an seine Erfahrung in Deutschland zurück.

WURSTIGE GEFAHREN AUF DEM OKTOBERFEST

Es war ein sonniger Herbsttag in Deutschland, und eine Gruppe von Hunden war aufgeregt, zum ersten Mal auf das Oktoberfest zu gehen. Die Hunde waren alle unterschiedlich groß und hatten verschiedene Farben und Muster, aber sie waren alle Rassehunde und sehr stolz darauf.

"Wir sollten alle etwas trinken", sagte der Dackel namens Boris. "Ich habe gehört, dass das Bier hier sehr lecker ist."

"Ich weiß nicht", antwortete der Mops namens Gunther. "Ich habe gehört, dass es sehr stark ist und ich möchte nicht betrunken werden."

"Keine Sorge, Gunther", sagte der Schäferhund

namens Max. "Wir werden auf dich aufpassen. Außerdem werden wir alle eine gute Zeit haben!"

Die Hunde gingen zum Festzelt und sahen viele Menschen, die Bier tranken und Wurst aßen.

WURSTIGE GEFAHREN AUF DEM OKTOBERFEST

Die Hunde bellten und wedelten mit dem Schwanz, als sie die Musik hörten und die bunten Lichter sahen.

"Wow, das ist unglaublich!", rief der Golden Retriever namens Emma. "Ich habe noch nie etwas so Aufregendes gesehen!"

Aber als die Hunde näher kamen, bemerkten sie etwas Seltsames. Die Menschen um sie herum hatten alle seltsame rote Flecken auf ihren Gesichtern und Händen.

"Was ist das?", fragte der Terrier namens Karl. "Haben sie sich verletzt?"

"Ich weiß es nicht", sagte Max. "Lasst uns näher hingehen und nachsehen."
Als sie sich dem Festzelt näherten, sahen sie, dass die roten Flecken auch auf den Tischen und Stühlen waren. Die Hunde wurden immer besorgter, als sie sahen, dass einige Menschen sich übergeben hatten.

"Vielleicht sollten wir gehen", sagte Gunther. "Es sieht hier nicht sicher aus."

"Nein, wir sollten bleiben und herausfinden, was passiert ist", sagte Boris. "Vielleicht können wir helfen."

Die Hunde begannen, Fragen zu stellen und herauszufinden, was passiert war. Ein Mann erzählte ihnen, dass er einen seltsamen Pilz gegessen hatte, der in der Wurst war.

"Ein Pilz?", sagte Emma. "Das klingt gefährlich. Was für ein Pilz war das?"

"Es war ein roter Pilz", antwortete der Mann. "Ich dachte, es war nur ein bisschen Würze, aber jetzt fühle ich mich sehr krank."

Die Hunde dachten nach und erinnerten sich an einen Artikel, den sie in der Zeitung gelesen hatten, in dem stand, dass es einen gefährlichen Pilz gab, der nur in diesem Jahr wuchs. Der Pilz war sehr giftig und konnte tödlich sein.

"Wir müssen etwas unternehmen", sagte Max. "Wir können nicht zulassen, dass noch mehr Menschen krank werden."

Die Hunde beschlossen, den Pilz zu finden und zu zerstören, bevor noch mehr Menschen krank wurden. Sie benutzten ihre Nase und folgten ihrem Instinkt, bis sie ein verlassenes Zelt fanden. In dem Zelt **entdeckten** sie viele Würste und einen großen Stapel roter Pilze.

"Das ist er", sagte Karl. "Das ist der gefährliche Pilz!"

Die Hunde bellten und warnten die Menschen, die gekommen waren, um die Pilze zu ernten und zu verkaufen. Die Menschen waren überrascht und erschrocken, als sie die Hunde sahen.

"Was ist los mit diesen Hunden?", fragte einer der Pilzsammler. "Sie scheinen sehr aufgeregt zu sein."

"Sie haben den gefährlichen Pilz gefunden", erklärte Max. "Wir müssen diesen Pilz **vernichten**, bevor er noch mehr Menschen krank macht."

Die Pilzsammler sahen die roten Flecken auf ihren Händen und verstanden, dass die Hunde recht hatten. Sie halfen den Hunden dabei, alle Pilze zu sammeln und zu vernichten.

Die Hunde waren stolz auf sich selbst und wussten, dass sie viele Menschen vor Übelkeit und Krankheit bewahrt hatten. Als Dankeschön wurden sie zu Ehrengästen des Oktoberfests ernannt.

"Das war ein aufregendes Abenteuer", sagte Emma. "Ich bin froh, dass wir geholfen haben."

"Und ich habe etwas Neues gelernt", sagte Gunther. "Ich werde nie wieder etwas essen, von dem ich nicht sicher bin, was es ist."

Die Hunde spürten, dass sie einen wichtigen Beitrag geleistet hatten, aber es gab noch viele Fragen, die beantwortet werden mussten. Wer hatte die Pilze in die Würste gelegt? Und warum?

Die Hunde begannen, sich umzusehen und bemerkten, dass einige Pilzsammler in der Nähe waren, die nervös und ängstlich aussahen. Einer von ihnen sah die Hunde und rannte weg.

"Das sieht **verdächtig** aus", sagte Max. "Folgt ihm!"

Die Hunde rannten dem Pilzsammler hinterher und verfolgten ihn durch die engen Straßen der Stadt. Sie konnten ihn schließlich **einholen** und ihn **in die Enge treiben**.

"Warum bist du weggelaufen?", fragte Max. "Hast du etwas mit den gefährlichen Pilzen zu tun?"

Der Pilzsammler war sehr aufgeregt und gestand schließlich, dass er für einen **skrupellosen** Händler arbeitete, der die Pilze in die Würste legte, um mehr Gewinn zu erzielen.

Die Hunde wussten, dass sie den Händler finden und ihn zur **Rechenschaft ziehen** mussten. Sie suchten nach Hinweisen und fanden schließlich eine **verdächtige** Scheune am Rande der Stadt.

Die Hunde schlichen sich in die Scheune und fanden den Händler, der dabei war, weitere Würste zu verpacken. Sie bellten und warnten ihn, dass er verhaftet werden würde.

Der Händler war überrascht, dass die Hunde ihn gefunden hatten und versuchte zu fliehen.

WURSTIGE GEFAHREN AUF DEM OKTOBERFEST

Aber die Hunde waren schnell und jagten ihn durch die Stadt.

Es kam zu einer wilden Verfolgungsjagd, bei der die Hunde den Händler schließlich in die Enge treiben konnten. Die Polizei wurde gerufen, der Händler wurde verhaftet und ins Gefängnis gebracht.

Die Hunde waren stolz auf sich selbst, den Verursacher gefunden und verhaftet zu haben. Aber das Abenteuer war noch nicht vorbei. Es gab noch viele Menschen, die sich von den Auswirkungen des gefährlichen Pilzes erholen mussten.

Die Hunde entschieden sich, eine Spendenaktion zu starten, um den Opfern zu helfen. Sie organisierten ein Konzert mit vielen bekannten Musikern und sammelten Spenden von den Zuschauern.

Das Konzert war ein großer Erfolg, und die

Hunde sammelten genug Geld, um den Opfern des **Pilzausbruchs** zu helfen. Die Menschen waren dankbar für die **Großzügigkeit** und den Mut der Hunde und nannten sie die "Helden des Oktoberfests".

Die Hunde waren stolz darauf, dass sie ihrer Stadt geholfen hatten, aber sie wussten, dass es noch viele Abenteuer geben würde, die auf sie warteten. Sie waren bereit für alles, was das Leben für sie bereithielt, und wussten, dass sie immer zusammenstehen würden, um anderen zu helfen.

So endete das Abenteuer der deutschen Hunde auf dem Oktoberfest. Es war ein Abenteuer, das sie zu wahren Helden gemacht hatte und das ihnen zeigte, dass sie immer bereit sein mussten, anderen zu helfen.

NEUE WÖRTER

- **vernichten** (verb) - to destroy
- **skrupellos** (adj.) - unscrupulous
- **Rechenschaft ziehen** (verb) - to hold accountable
- **Großzügigkeit**, die (noun) - generosity
- **In die Enge treiben** (verb) - to corner
- **verdächtig** (adj.) - suspicious
- **Ausbruch**, der (noun, plural: Ausbrüche) - outbreak
- **einholen** (verb) - to catch up

TESTE DICH SELBST

1. Was haben die Hunde bemerkt, als sie am Oktoberfest ankamen?

2. Was hat der Mann den Hunden erzählt, was seine Krankheit verursacht hat?

3. Warum sind die Hunde dem verdächtigen Pilzsammler gefolgt?

4. Was haben die Hunde in dem verlassenen Scheune gefunden?

5. Was haben die Hunde getan, um den Opfern des Pilzausbruchs zu helfen?

DISKUSSION -- SCHREIBEN ODER SPRECHEN

1. Findest du es gut, dass die Hunde den Menschen auf dem Oktoberfest geholfen haben? Warum oder warum nicht?

2. Wie würdest du dich fühlen, wenn du etwas Seltsames oder Gefährliches bei einer Veranstaltung wie dem Oktoberfest sehen würdest? Was würdest du tun?

3. Was denkst du, was Menschen dazu motiviert, schlechte Dinge zu tun, wie gefährliche Pilze in Essen zu legen?

4. Ist es deiner Meinung nach wichtig, anderen zu helfen, wenn sie in Schwierigkeiten sind, auch wenn es riskant oder beängstigend ist? Warum oder warum nicht?

ANTWORTEN

1. Die Hunde bemerkten seltsame rote Flecken auf den Menschen und Gegenständen um sie herum.
2. Der Mann erzählte den Hunden, dass er einen Pilz gegessen hatte, der in der Wurst war.
3. Die Hunde folgten dem verdächtigen Pilzsammler, um mehr Informationen zu sammeln und herauszufinden, wer für die Ausbreitung der gefährlichen Pilze verantwortlich war.
4. Die Hunde fanden viele Würste und einen großen Stapel roter Pilze, die in den Würsten verwendet wurden, um die Menschen zu vergiften.
5. Die Hunde organisierten ein Konzert mit vielen bekannten Musikern und sammelten Spenden von den Zuschauern, um den Opfern des Pilzausbruchs zu helfen.

HEKTOR, DER HUND, DER EINE KATZE SEIN WOLLTE

Es war einmal ein deutscher Hund namens Hektor. Er war ein großer, brauner Labrador mit **wuscheligem** Fell und einem frechen Grinsen. Eines Tages sagte Hektor zu seinem Frauchen: "Frauchen, ich möchte eine Katze sein!"

Das Frauchen sah Hektor **verwirrt** an und fragte: "Eine Katze? Warum möchtest du denn eine Katze sein, Hektor?"

Hektor antwortete **seufzend**: "Weil Katzen so cool sind, Frauchen! Sie schlafen den ganzen Tag, sie werden gestreichelt und sie können sogar auf Bäume klettern!"

Frauchen konnte nicht anders, als zu lachen. "Aber Hektor, du bist ein Hund! Du kannst nicht einfach eine Katze sein."

"Aber ich will es so sehr!", antwortete Hektor und setzte seinen berühmten Hundeblick auf.

Das Frauchen seufzte und sagte schließlich: "Okay, Hektor. Ich werde dir helfen, eine Katze zu werden. Aber du musst hart arbeiten und viel üben!"

Und so begann die Reise von Hektor, dem Labrador, der eine Katze sein wollte.

Hektor begann seine Übungen, um wie eine Katze zu sein. Er versuchte, auf Dächer zu klettern und auf Fensterbänken zu **balancieren**. Er begann, sich wie eine Katze zu waschen und sich zusammenzurollen, um ein Nickerchen zu machen.

Aber es war schwieriger als erwartet. Einmal fiel Hektor sogar vom Fensterbrett und landete in einer Mülltonne! Er bemerkte, dass er eine riesige Angst vor Höhe hat und wahrscheinlich nie auf einen Baum klettern wird.

Eines Tages traf Hektor eine echte Katze namens Fritzi. Fritzi war eine schwarz-weiße

Katze mit viel Humor und einem frechen Grinsen.

"Was machst du denn da, Hektor?", fragte Fritzi und lachte.

"Ich versuche, eine Katze zu sein, Fritzi!", antwortete Hektor stolz.

Fritzi lachte noch mehr und sagte: "Aber Hektor, du bist ein Hund! Du kannst niemals eine Katze sein."

Hektor war enttäuscht, aber Fritzi gab ihm einen guten Rat. "Du musst aufhören, eine Katze zu sein, Hektor. Du musst einfach der beste Hund sein, der du sein kannst."

Hektor dachte darüber nach und erkannte, dass Fritzi recht hatte. Er musste einfach der beste Hund sein, der er sein konnte.

Und so gab Hektor sein Bestes, um der beste

Hund zu sein, der er sein konnte. Er spielte Fangen mit seinen Freunden im Park, half Frauchen bei der Gartenarbeit und beschützte das Haus vor Postboten.

Eines Tages, als Hektor im Garten spielte, hörte er ein lautes Miauen. Er lief zu dem Lärm und fand Fritzi auf einem Baum feststecken. "Hilfe, Hektor!", rief Fritzi.

Hektor zögerte keinen Moment und kletterte den Baum hoch, um Fritzi zu retten. Als er Fritzi in seine Arme nahm, fühlte er sich stolz wie ein Hund. "Danke, Hektor!", sagte Fritzi.

Hektor war so glücklich, dass er seine Höhenangst überwunden hatte, um Fritzi zu helfen. "Kein Problem, Fritzi! Das ist, was Freunde machen!" sagte Hektor und grinste breit.

Fritzi war beeindruckt von Hektors Tapferkeit und sagte: "Hektor, du bist vielleicht kein

Kätzchen, aber du bist definitiv ein Held!"

Hektor war so glücklich, dass er fast aus seiner Haut sprang. Er hatte vielleicht nicht sein **Ziel erreicht**, eine Katze zu sein, aber er hatte etwas noch Besseres gefunden: **wahre Freundschaft** und den Mut, ein Held zu sein.

Von diesem Tag an war Hektor der beste Hund, den er sein konnte. Er war zwar kein Kätzchen, aber er war glücklich, wer er war - das war alles, was zählte.

Das Frauchen war so stolz auf Hektor und sagte: "Hektor, du bist wirklich der beste Hund der Welt!"

Hektor grinste breit und antwortete: "Danke, Frauchen! Aber ich bin immer noch ein Hund, und das ist okay!"

Und so endete die Geschichte von Hektor, dem Labrador, der eine Katze sein wollte. Er hatte gelernt, dass es okay war, anders zu sein, solange er das Beste aus sich herausholte und **sich selbst treu blieb**.

Wenn man ihn fragte, was er lieber wäre - ein Hund oder eine Katze - würde Hektor mit einem breiten Grinsen antworten: "Ich bin glücklich, wer ich bin!"

NEUE WÖRTER

- **wuschelig** (adj.) - shaggy
- **verwirrt** (adj.) - confused
- **seufzend** (verb) - sighing
- **balancieren** (verb) - to balance
- **Ziel erreichen**, das (verb phrase) - to achieve the goal
- **wahre Freundschaft**, die (noun phrase, plural: wahren Freundschaften) - true friendship
- **sich selbst treu bleiben** (verb phrase) - to stay true to oneself

TESTE DICH SELBST

1. Wie heißt der deutsche Hund in der Geschichte?

2. Was möchte Hektor werden?

3. Welchen Rat gibt Fritzi Hektor?

4. Was passiert, als Hektor im Garten spielt?

5. Was hat Hektor am Ende der Geschichte gelernt?

DISKUSSION -- SCHREIBEN ODER SPRECHEN

1. Wie fühlst du dich, wenn du versuchst, jemand zu sein, der du nicht bist?

2. Denkst du, dass es wichtig ist, seine Ziele zu verfolgen, auch wenn sie schwer zu erreichen sind? Warum oder warum nicht?

3. Was sind einige Eigenschaften, die du an deinen Freunden bewunderst oder schätzt?

4. Glaubst du, dass es wichtiger ist, anders zu sein oder akzeptiert zu werden? Warum?

ANTWORTEN

1. Der deutsche Hund in der Geschichte heißt Hektor.
2. Hektor möchte eine Katze werden.
3. Fritzi gibt Hektor den Rat, aufzuhören, eine Katze sein zu wollen, und einfach der beste Hund zu sein, der er sein kann.
4. Hektor hört ein lautes Miauen und findet Fritzi auf einem Baum feststecken. Er klettert den Baum hoch, um Fritzi zu retten.
5. Hektor hat gelernt, dass es okay ist, anders zu sein, solange man das Beste aus sich herausholt und sich selbst treu bleibt. Er hatte etwas noch Besseres gefunden: wahre Freundschaft und den Mut, ein Held zu sein.

DER HUND VON NEBENAN

Tobias und Rosi, zwei Bulldoggen, trafen sich regelmäßig und hatten viel Spaß zusammen. Sie gingen spazieren, spielten Ball und schnupperten an allem, was ihnen in die Quere kam. Tobias war überglücklich, dass er jetzt endlich Zeit mit seiner neuen Freundin verbringen durfte, und er freute sich schon auf jeden Tag, an dem er sie sehen würde.

Eines Tages bemerkten Tobias und Rosi, dass es in der Nachbarschaft ein großes Fest gab. Sie beschlossen, sich zu **verkleiden** und zusammen dorthin zu gehen. Tobias zog eine karierte Weste an und Rosi trug ein hübsches rotes Band um ihren Hals.

"Wow, du siehst toll aus, Rosi!", sagte Tobias und schnupperte an ihr.

"Ach, du auch! Ich finde deine Weste sehr schick", antwortete Rosi.

Sie liefen durch die Straßen, bis sie das Fest erreichten. Es gab viele Stände mit Leckereien und Spielen, und Tobias und Rosi hatten viel Spaß dabei, alles auszuprobieren.

"Komm, lass uns das Wettrennen machen!", rief Tobias und zog Rosi mit sich.

Sie rannten so schnell sie konnten und waren die ersten, die die Ziellinie erreichten. Tobias und Rosi feierten ihren Sieg mit einer großen Tüte Hundekekse und liefen weiter durch die Straßen.

Plötzlich hörten sie eine Stimme, die rief: "Halt, bleibt stehen!"

Sie drehten sich um und sahen einen Mann in Uniform, der auf sie zukam. "Was macht ihr hier? Hunde sind auf diesem Fest nicht erlaubt!", sagte er streng.

Tobias und Rosi waren schockiert. Sie wussten nicht, dass sie nicht auf das Fest gehen durften, und sie wollten auch nicht in Schwierigkeiten geraten.

"Wir haben uns verkleidet, um uns nicht

zu erkennen zu geben", sagte Tobias entschuldigend.

Der Mann in Uniform schaute sie **skeptisch** an und sagte: "Ihr müsst sofort gehen, sonst werde ich euch hinauswerfen!"

Tobias und Rosi beeilten sich, das Fest zu verlassen. Sie waren enttäuscht, dass sie nicht länger bleiben konnten, aber sie waren froh, dass sie nicht erwischt worden waren.

"Das war knapp!", sagte Rosi und schnaufte schwer.

"Ja, aber wir haben immer noch Spaß zusammen, nicht wahr?", antwortete Tobias und leckte ihr über das Gesicht.

"Ja, das stimmt", sagte Rosi und leckte ihn zurück.

Tobias und Rosi gingen nach Hause und

verbrachten den Rest des Tages damit, sich auszuruhen und zu entspannen. Sie waren müde, aber glücklich, dass sie wieder Zeit miteinander verbringen konnten.

In den nächsten Wochen trafen sich Tobias und Rosi regelmäßig und hatten viele weitere Abenteuer. Sie gingen auf lange Spaziergänge durch den Park und spielten im Garten. Sie tobten im Schnee und schwammen im See.

Aber eines Tages bemerkten Tobias und Rosi, dass sie ihre **Besitzer** vermissten. Sie wollten zu Hause sein und Zeit mit ihnen verbringen.

"Was denkst du, sollten wir zu unseren Besitzern zurückkehren?", fragte Tobias Rosi.

"Ja, ich denke, das wäre eine gute Idee", antwortete Rosi. "Ich vermisse meine Besitzer auch sehr."

Also beschlossen Tobias und Rosi, zu ihren

Besitzern zurückzukehren. Sie liefen durch die Straßen und genossen die frische Luft und die Sonne. Als sie schließlich zu Hause ankamen, waren ihre Besitzer sehr überrascht und glücklich, sie zu sehen.

"Tobias, wo warst du die ganze Zeit?", fragte sein Besitzer besorgt.

"Ich war mit Rosi unterwegs", antwortete Tobias.

Sein Besitzer sah ihn skeptisch an und sagte: "Aber wir haben dir doch gesagt, dass du nicht mit ihr spielen sollst."

"Ja, aber ich habe es getan, weil ich sie so sehr mag", antwortete Tobias.

Sein Besitzer war gerührt von Tobias' **Ehrlichkeit** und sagte: "Das ist okay, Tobias. Ich verstehe, dass du Freunde haben willst. Aber du musst uns immer die Wahrheit sagen, okay?"

Tobias freute sich sehr und wedelte mit dem Schwanz. "Ja, ich werde immer die Wahrheit sagen. Ich liebe euch so sehr, dass ich niemals etwas tun würde, um euch zu verletzen."

Sein Besitzer lächelte und streichelte ihn. "Wir lieben dich auch, Tobias. Du bist unser bester Freund."

Tobias und Rosi verbrachten den Rest des Tages damit, mit ihren Besitzern zu spielen und zu kuscheln. Sie waren glücklich, dass sie wieder zu Hause waren, aber sie wussten auch, dass sie Zeit miteinander verbringen würden.

Und so endet die Geschichte von Tobias und Rosi, den zwei Hunden, die sich verliebt haben und alles taten, um zusammen zu sein. Sie erlebten viele Abenteuer und lernten, dass Freundschaft und Liebe alles **überwinden** können.

NEUE WÖRTER

- **sich verkleiden** (verb) - to disguise oneself
- **Besitzer**, der (noun, plural: Besitzer) - owner
- **skeptisch** (adj.) - skeptical
- **Ehrlichkeit**, die (noun, plural: Ehrlichkeiten) - honesty
- **überwinden** (verb) - to overcome

TESTE DICH SELBST

1. Wie heißt der Hund, in den Tobias sich verliebt hat, der nebenan wohnt?

2. Was hat Tobias getan, um Zeit mit Rosi zu verbringen, als ihre Besitzer nicht erlaubten, miteinander zu spielen?

3. Was haben Tobias und Rosi bei dem Nachbarschaftsfest gemacht?

4. Warum haben Tobias und Rosi beschlossen, zu ihren Besitzern zurückzukehren?

5. Was hat Tobias seinen Besitzern versprochen, nachdem sie herausgefunden hatten, dass er mit Rosi gespielt hatte?

DISKUSSION -- SCHREIBEN ODER SPRECHEN

1. Was denkst du, hätte Tobias anders machen können, um Zeit mit Rosi zu verbringen, ohne sich als Mensch zu verkleiden?

2. Warum denkst du, dass Tobias' Besitzer ihm nicht erlaubten, mit Rosi zu spielen?

3. Wie denkst du, hätten Tobias' Besitzer reagiert, wenn sie herausgefunden hätten, dass er sich als Mensch verkleidet hat, um mit Rosi zu spielen?

4. Was denkst du, waren die wichtigsten Lektionen, die Tobias in dieser Geschichte gelernt hat?

ANTWORTEN

1. Der Hund, in den Tobias sich verliebt hat, heißt Rosi.

2. Tobias hat sich als Mensch verkleidet, um Zeit mit Rosi zu verbringen, als ihre Besitzer sie nicht spielen ließen.

3. Tobias und Rosi haben beim Nachbarschaftsfest viele Spiele ausprobiert und das Wettrennen gewonnen.

4. Tobias und Rosi haben beschlossen, zu ihren Besitzern zurückzukehren, weil sie ihre Besitzer vermissten und Zeit mit ihnen verbringen wollten.

5. Tobias hat seinen Besitzern versprochen, immer die Wahrheit zu sagen und niemals etwas zu tun, um sie zu verletzen, weil er sie so sehr liebt.

KOKO'S SCHOKO-TRAUM

E s war einmal ein kleiner Hund namens Koko. Er war ein Labrador Retriever mit braunem Fell und wunderschönen Augen, die so braun wie Schokolade waren. Koko liebte es, überall herumzulaufen und zu schnüffeln, besonders in der Küche, wo er hoffte, etwas Leckeres zu finden. Aber das Einzige, was er wirklich liebte, war der Geruch von Schokolade.

Eines Tages, als Koko in der Küche schnüffelte, bemerkte er eine Schachtel mit Schokolade. Sein Herz schlug schneller, als er den Duft einatmete. Er konnte dem süßen, **verführerischen** Geruch einfach nicht widerstehen. Aber Koko wusste auch, dass Schokolade giftig für Hunde war und er sich nicht davon ernähren durfte.

"Nein, nein, nein", murmelte Koko vor sich hin. "Ich darf das nicht essen. Aber es riecht so gut!"

Koko beschloss, etwas gegen sein Verlangen zu tun. Er begann, alles über Schokolade zu lesen, was er finden konnte. Er besuchte Buchläden, fragte seine Freunde und forschte sogar online. Nach vielen Stunden des Lesens und Lernens beschloss Koko, dass er eine hundefreundliche Schokolade herstellen würde.

"Ich werde in die Schweiz reisen und die erste hundefreundliche Schokolade erfinden", sagte Koko zu seinem Freund, einem Dackel namens Kurt.

"Dort gibt es die besten Schokoladenexperten. Ich werde sie finden und ihnen sagen, dass sie mir helfen müssen."

"Du bist verrückt", sagte Kurt. "Aber ich mag verrückte Hunde. Ich werde dich begleiten."
Koko und Kurt begannen ihre Reise in die Schweiz. Sie wanderten durch Felder und Wälder und trafen viele interessante Tiere und Menschen. Aber Koko war entschlossen, sein Ziel zu erreichen.

Als sie schließlich in der Schweiz ankamen, trafen sie auf einen alten Schokoladenexperten namens Hans. Er sah aus wie ein Zauberer, mit einem langen Bart und einer Schürze voller Schokolade.

"Was wollt ihr beiden hier?", fragte Hans.

"Ich möchte eine Schokolade herstellen, die sicher für Hunde ist", sagte Koko. "Ich weiß, dass Schokolade giftig für uns ist, aber ich kann dem Geruch nicht widerstehen. Bitte helfen Sie mir, eine hundefreundliche Schokolade herzustellen, die ich essen kann, ohne krank zu werden."

Hans kratzte sich am Kopf und dachte eine Weile nach.

"Ich denke, ich kann dir helfen", sagte er schließlich. "Ich werde mit meinen Assistenten arbeiten und wir werden eine Schokolade herstellen, die du und deine Freunde genießen können, ohne krank zu werden."

Koko und Kurt waren begeistert. Sie halfen Hans und seinen Assistenten bei der Herstellung der Schokolade, indem sie Zutaten testeten und den Geschmack überprüften. Es war eine harte Arbeit, aber sie hatten viel Spaß dabei.

Schließlich war die Schokolade fertig. Koko und Kurt probierten die hundefreundliche Schokolade und konnten es kaum glauben. Sie sah genauso aus wie normale Schokolade, roch genauso und schmeckte sogar noch besser. Es war genau das, wonach Koko gesucht hatte - eine Schokolade, die hundefreundlich war und die er ohne Bedenken genießen konnte. Kurt war ebenfalls begeistert und schlug vor, die Schokolade zu vermarkten, damit auch andere Hunde von ihr profitieren könnten.

Koko und Kurt gingen zu verschiedenen Tierärzten und Hundeexperten, um ihre

Schokolade zu testen. Alle waren begeistert und bestätigten, dass es eine sichere und leckere Alternative zur normalen Schokolade war. Die Nachricht von der hundefreundlichen Schokolade verbreitete sich schnell und bald kamen Bestellungen aus der ganzen Welt.

Die hundefreundliche Schokolade von Koko und Kurt wurde weltweit bekannt und erhielt zahlreiche **Auszeichnungen**. Koko und Kurt waren sehr stolz auf ihre Erfindung und genossen das Leben als erfolgreiche **Unternehmer**. Sie reisten um die Welt, besuchten Hundeschauen und stellten ihre Schokolade auf verschiedenen **Veranstaltungen** vor.

Eines Tages, als sie in New York City waren, wurden sie von einer Gruppe von **Paparazzi** umgeben. Die Reporter wollten alles über Koko und Kurt und ihre hundefreundliche Schokolade wissen.

"Koko, wie fühlt es sich an, ein internationaler Star zu sein?", fragte einer der Reporter.

"Es ist unglaublich", antwortete Koko. "Ich hätte nie gedacht, dass eine so kleine Idee so groß werden würde. Ich bin dankbar für jede Person, die uns unterstützt hat."

"Kurt, wie sieht die Zukunft für euch aus?", fragte ein anderer Reporter.

"Für uns geht es darum, die Welt ein bisschen besser zu machen", sagte Kurt.

"Wir möchten weiterhin hundefreundliche Produkte herstellen, die Hunde und ihre Besitzer lieben werden."

Die Reporter waren **beeindruckt** von der **Einstellung** von Koko und Kurt und der Qualität ihrer Produkte. Sie nannten sie "die Hunde-Schokoladen-Erfinder" und machten sie zu Stars in der Hundewelt.

Von diesem Tag an war die hundefreundliche Schokolade von Koko und Kurt in jedem Land der Welt erhältlich. Andere Unternehmen begannen, ihre Ideen zu kopieren, aber Koko und Kurt waren die Erfinder der ersten hundefreundlichen Schokolade und blieben die Besten.

Koko und Kurt lebten glücklich bis ans Ende ihrer Tage und ihre hundefreundliche Schokolade wurde zur **Legende**. Jeder Hund, der sie probierte, konnte nicht genug davon bekommen. Und so endet die Geschichte von Koko und Kurt - zwei Hunden, die die Welt mit ihrer hundefreundlichen Schokolade eroberten.

NEUE WÖRTER

- **verführerisch** (adj.) - seductive
- **Unternehmer**, der (noun, plural: Unternehmer) - entrepreneur
- **Veranstaltung**, die (noun, plural: Veranstaltungen) - event
- **Paparazzo**, der (noun, plural: Paparazzi) - paparazzo (singular), paparazzi (plural)
- **beeindruckt** (verb, Partizip II) - impressed
- **Legende**, die (noun, plural: Legenden) - legend
- **Auszeichnung**, die (noun, plural: Auszeichnungen) - award
- **Einstellung**, die (noun, plural: Einstellungen) - attitude
- **Besessenheit**, die (noun, plural: Besessenheiten) - obsession

TESTE DICH SELBST

1. Wovon war Koko **besessen** und welche Herausforderung war damit verbunden?

2. Wen trafen Koko und Kurt in der Schweiz und was war ihr Ziel?

3. Wie trugen Koko und Kurt zur Entwicklung der hundeverträglichen Schokolade bei?

4. Wie reagierten die Experten und Tierärzte auf die hundeverträgliche Schokolade und was geschah daraufhin?

5. Wie war die Einstellung von Koko und Kurt zu ihrem Erfolg und was waren ihre Zukunftspläne?

DISKUSSION -- SCHREIBEN ODER SPRECHEN

1. Welche Lektion können wir aus der Geschichte von Koko und Kurt lernen?

2. Hast du Ideen für ein neues Geschäft? Welche sind es?

3. Welches Essen liebst du wirklich, weißt aber, dass du es nicht essen solltest?

4. Wie denkst du, könnten Koko und Kurt ihre Idee noch weiterentwickeln, um anderen Hundeliebhabern zu helfen?

Antworten

1. Kokos war besessen vom Geruch von Schokolade. Seine Herausforderung war, dass Schokolade giftig für Hunde ist und er sich nicht davon ernähren durfte.
2. Koko und Kurt trafen einen alten Schokoladenexperten namens Hans in der Schweiz. Ihr Ziel war, eine hundeverträgliche Schokolade herzustellen.
3. Koko und Kurt halfen Hans und seinen Assistenten bei der Herstellung der Schokolade, indem sie Zutaten testeten und den Geschmack überprüften.
4. Die Experten und Tierärzte waren begeistert von der hundeverträglichen Schokolade und bestätigten, dass sie eine sichere und leckere Alternative zur normalen Schokolade war. Die Schokolade wurde weltweit bekannt und erhielt zahlreiche Auszeichnungen.
5. Koko und Kurt waren dankbar für ihre Unterstützer und stolz auf ihre Erfindung. Sie planten, weitere hundefreundliche Produkte herzustellen und die Welt ein bisschen besser zu machen.

WALDI: DER PFOTENHELD AUS DEN ALPEN

Es war einmal ein kleiner Hund namens Waldi, der mit seinem Herrchen Franz in den österreichischen Alpen lebte. Franz war ein Ski-Lehrer und Waldi liebte es, ihm bei der Arbeit zuzuschauen. Jeden Tag fuhren sie auf den Berg, um anderen Menschen das Skifahren beizubringen. Waldi war ein treuer Begleiter und half Franz immer, wenn er gebraucht wurde.

Eines Tages geschah jedoch etwas Unvorhergesehenes. Franz und Waldi waren auf dem Berg unterwegs, als sie plötzlich von einem **Schneesturm** überrascht wurden. Der Sturm war so stark, dass Franz kaum noch sehen konnte, wohin er fuhr. Plötzlich hörte er ein lautes Knacken und dann einen lauten Schrei.

"Waldi, bleib hier! Ich gehe nachsehen, was passiert ist", sagte Franz und machte sich auf den Weg.

Waldi wartete geduldig auf seinen Herrchen. Er wusste, dass Franz immer vorsichtig war und dass er bald zurückkommen würde. Aber die Zeit verging und Franz kam nicht zurück. Waldi begann sich Sorgen zu machen.

Er wusste, dass er seinem Herrchen helfen musste, also machte er sich auf den Weg, um ihn zu suchen.

Er lief durch den Schnee und schnüffelte herum, um Franz zu finden. Nach einer Weile hörte er ein leises Stöhnen. Er folgte dem Geräusch und fand Franz, der in eine **Felsspalte** gestürzt war und sich verletzt hatte.

"Franz, geht es dir gut?", fragte Waldi.

"Nein, ich habe mir das Bein gebrochen. Ich brauche deine Hilfe, um hier herauszukommen", antwortete Franz.

Waldi wusste genau, was er zu tun hatte. Er lief los und suchte nach jemandem, der ihnen helfen konnte. Nach einiger Zeit fand er eine Gruppe von Skifahrern, die in der Nähe waren.

"Bitte, könnt ihr mir helfen? Mein Herrchen ist in einer Felsspalte gefangen und hat sich das

Bein gebrochen", sagte Waldi mit traurigen Augen.

Die Skifahrer folgten Waldi und halfen Franz, aus der Felsspalte herauszukommen. Sie brachten ihn in eine Hütte, wo er sich ausruhen und seine Verletzungen behandelt werden konnte.

"Danke, Waldi. Du hast mir das Leben gerettet", sagte Franz.

"Du bist ein wahrer Held, Waldi", sagten die Skifahrer.

Waldi bellte glücklich. Er war froh, dass er seinem Herrchen und anderen Menschen helfen konnte.

Nach ein paar Monaten war Franz wieder auf die Beine gekommen. Er und Waldi gingen wieder auf den Berg und halfen anderen Menschen beim Skifahren. Aber dann geschah etwas noch Aufregenderes.

Sie hörten einen lauten Knall. Es war eine **Lawine**, die alles mit sich riss. Franz und Waldi liefen so schnell sie konnten, um den Gefahrenbereich zu verlassen. Als sie in Sicherheit waren, bemerkten sie, dass viele Menschen **verschüttet** worden waren.

"Waldi, wir müssen helfen!", sagte Franz.

Waldi wusste genau, was er zu tun hatte. Er lief los und begann, nach verschütteten Menschen zu suchen. Er bellte laut, um die Menschen auf sich aufmerksam zu machen. Schließlich fanden sie einen Mann, der unter dem Schnee begraben war. Franz und Waldi begannen sofort, den Schnee wegzuschaufeln. Es dauerte nicht lange, bis sie den Mann befreit hatten.

"Danke, danke, danke!", sagte der gerettete Mann.

"Es ist gut, dass wir rechtzeitig da waren", sagte Franz.

Aber die **Rettungsaktion** hatte gerade erst begonnen. Franz und Waldi fanden noch viele weitere Menschen, die unter dem Schnee begraben waren. Waldi half immer wieder dabei, den Schnee wegzuschaufeln und Menschen zu finden. Er war ein wahrer Held und rettete vielen Menschen das Leben.

Nach ein paar Stunden hatten sie alle Überlebenden gefunden und gerettet. Franz und Waldi waren sehr stolz auf sich. Sie hatten etwas Außergewöhnliches geleistet.

Als sie zurück ins Tal kamen, wurden sie von vielen Menschen empfangen. Die Menschen bedankten sich bei ihnen für ihre Tapferkeit und sagten, dass sie ohne ihre Hilfe alle verloren gewesen wären. Franz und Waldi waren sehr glücklich und fühlten sich **geehrt**.

Sie waren erschöpft, aber glücklich. Sie hatten etwas Außergewöhnliches geleistet und waren zu wahren Helden geworden. Franz und Waldi wussten, dass sie in Zukunft immer bereit sein würden, anderen zu helfen, wenn es darauf ankam.

Und so lebten Franz und Waldi noch viele Jahre glücklich in den österreichischen Alpen. Sie halfen anderen Menschen beim Skifahren und waren immer bereit, wenn jemand in Not war. Sie waren die besten Freunde und die größten Helden der Berge.

NEUE WÖRTER

- **verschüttet** (verb, Partizip II) - buried, covered
- **Felsspalte**, die (noun, plural: Felsspalten) - crevice
- **Rettungsaktion**, die (noun, plural: Rettungsaktionen) - rescue operation
- **Rettungskraft**, die (noun, plural: Rettungskräfte) - rescue worker, rescue team
- **geehrt** (verb, Partizip II) - honored
- **Schneesturm**, der (noun, plural: Schneestürme) - snowstorm
- **Lawine**, die (noun, plural: Lawinen) - avalanche
- **atmen** (verb) - to breathe

TESTE DICH SELBST

1. Was geschah mit Franz und Waldi, als sie auf dem Berg unterwegs waren?

2. Wie hat Waldi Franz geholfen, als er in einer Felsspalte gefangen war?

3. Was haben Franz und Waldi getan, als sie eine Lawine gehört haben?

DISKUSSION -- SCHREIBEN ODER SPRECHEN

1. Wie würdest du reagieren, wenn du von einem Schneesturm überrascht würdest?

2. Welche Fähigkeiten braucht man, um ein Held zu sein?

3. Welche Bedeutung hat die Beziehung zwischen einem Haustier und seinem Besitzer?

4. Inwiefern können Tiere dazu beitragen, in schwierigen Situationen zu helfen?

ANTWORTEN

1. Franz und Waldi wurden von einem Schneesturm überrascht und Franz stürzte in eine Felsspalte.
2. Waldi hat nach Hilfe gesucht und eine Gruppe von Skifahrern gefunden, die Franz gerettet haben.
3. Franz und Waldi haben nach verschütteten Menschen gesucht und sie aus der Lawine gerettet.

DAS UNGEWÖHNLICHE TEAM

Es war ein sonniger Tag in München, in der eine Gruppe von Hunden lebte. Sie waren beste Freunde und lebten zusammen in einem schönen Park. An diesem Tag gab es einen seltsamen Geruch, der sich in der Stadt ausbreitete. Die Hunde waren besorgt und neugierig, was es sein könnte.

"Was ist dieser seltsame Geruch?", fragte Fido, der kleinste Hund der Gruppe.

"Ich weiß es nicht", sagte Rex, der älteste und weiseste Hund. "Aber ich denke, wir sollten es **herausfinden**. Wir können nicht zulassen, dass unsere Stadt so riecht."

DAS UNGEWÖHNLICHE TEAM

"Ja, lasst uns nachforschen!", sagte Bella, die schnellste und mutigste Hündin der Gruppe.

Also machten sich die Hunde auf den Weg, um das Rätsel zu lösen. Sie schnüffelten herum und folgten ihrer Nase. Der Geruch führte sie durch die Stadt und schließlich zu einem Tunnel.

"Was ist in diesem Tunnel?", fragte Spot, der neugierigste Hund der Gruppe.

"Wir werden es **herausfinden**", sagte Rex und ging in den Tunnel.

Die anderen Hunde folgten ihm, und sie gingen durch die dunklen und **unheimlichen** Tunnel. Der Geruch wurde immer stärker, je weiter sie gingen. Schließlich kamen sie zu einer großen Tür.

"Was ist hinter dieser Tür?", fragte Bella.

"Nur eine Möglichkeit, es herauszufinden", sagte Rex und schob die Tür auf.

Was sie dahinter sahen, war unglaublich. Es war ein riesiger Raum voller Müll und Abfälle. Es war der schrecklichste Ort, den die Hunde je gesehen hatten.

"Was für ein schrecklicher Ort", sagte Fido.

"Aber warum riecht es so schlecht?"

"Es muss von all dem Müll kommen", sagte Rex. "Aber ich frage mich, wer diesen Müll hier hineingelegt hat?"

"Vielleicht ein böser Mensch", sagte Spot.

Dann hörten sie ein seltsames Geräusch. Es kam aus einer Ecke des Raumes. Die Hunde gingen näher und entdeckten eine kleine Gruppe von Ratten.

"Was macht ihr hier?", fragte Rex.

"Wir leben hier", sagte eine Ratte. "Wir haben diesen Raum entdeckt und **beschlossen**, dass es der perfekte Ort für uns ist."

"Aber ihr habt so viel Müll hierher gebracht", sagte Bella. "Das ist der Grund, warum die Stadt so schlecht riecht."

"Wir hatten keine andere Wahl", sagte eine andere Ratte. "Wir brauchen einen Ort zum Leben, und das war der einzige, den wir finden konnten."

Die Hunde dachten eine Weile nach und beschlossen dann, den Ratten zu helfen. Sie begannen, den Müll aus dem Raum zu tragen und in Müllcontainer zu werfen. Die Ratten halfen ihnen, und zusammen schafften sie es, den Raum sauber zu machen.

"Das sieht so viel besser aus", sagte Fido und schnüffelte herum. "Und es riecht auch nicht mehr so schlecht."

"Vielen Dank für eure Hilfe", sagte die Ratte. "Ihr seid wirklich gute Freunde."

Die Hunde und Ratten wurden beste Freunde und beschlossen, in Zukunft zusammenzuarbeiten. Die Hunde würden den Ratten helfen, einen neuen Platz zum Leben zu finden, wo sie keinen Müll sammeln müssen. Gemeinsam machten sie sich auf die Suche nach einem besseren Ort.

Nach einigen Tagen des Suchens fanden sie einen verlassenen Keller, der perfekt für die Ratten war. Die Hunde halfen, den Keller zu reinigen und die Ratten zogen ein. Die Hunde besuchten sie oft und spielten mit ihnen.

Von diesem Tag an war die Stadt München wieder ein schöner Ort zum Leben. Die Hunde und Ratten hatten eine wunderbare Freundschaft aufgebaut und halfen einander, wann immer es nötig war.

Die Hunde waren stolz auf sich, dass sie das Rätsel des seltsamen Geruchs gelöst hatten und gleichzeitig neue Freunde fanden. Rex sagte: "Wenn wir zusammenarbeiten, können wir alles erreichen. Wir müssen uns immer gegenseitig helfen und füreinander da sein."

Die Hunde und Ratten genossen ihre neue Freundschaft und verbrachten viel Zeit miteinander.

Sie spielten und erkundeten die Stadt zusammen. Eines Tages bemerkten die Hunde, dass die Ratten etwas **beunruhigt** aussahen.

"Was ist los?", fragte Bella besorgt.

"Wir haben ein Problem", sagte eine Ratte. "Unser neues Zuhause ist in Gefahr. Die **Kanalisation** in der Stadt ist **verstopft** und das Wasser steigt immer höher. Wenn wir nicht bald etwas unternehmen, wird unser Keller **überflutet**."

"Das ist schrecklich", sagte Rex. "Aber wir werden euch helfen, eine Lösung zu finden. Wir sind schließlich Freunde."

Die Hunde und Ratten beschlossen, die Kanalisation der Stadt zu **untersuchen**. Sie folgten dem Geruch des **Abwassers** und fanden bald den verstopften Abfluss.

"Das ist der Grund, warum das Wasser nicht abfließt", sagte Spot und zeigte auf den Müll und Schmutz, der den Abfluss verstopfte.

"Wir müssen diesen Abfluss reinigen", sagte Rex. "Aber wie sollen wir das machen?"

"Ich habe eine Idee", sagte Bella. "Ich bin schnell und wendig. Ich kann in den Abfluss kriechen und den Müll herausholen."

"Das ist eine großartige Idee", sagte Rex. "Aber es ist sehr gefährlich. Ich werde mit dir kommen, um sicherzustellen, dass du sicher bist."

"Wir kommen auch mit", sagte die Gruppe von Ratten. "Zusammen als Team können wir das schaffen!"

Also krochen Bella, Rex und die Ratten in den Abfluss. Es war dunkel und eng, aber sie kämpften sich durch den Müll und zogen ihn Stück für Stück heraus. Die anderen Hunde und Ratten standen an der Seite und feuerten sie an.

Nach einiger Zeit hatten sie den Abfluss **vollständig** gereinigt. Das Wasser begann zu fließen, und die Ratten konnten in ihrem Keller bleiben.

"Vielen Dank, dass ihr uns geholfen habt", sagte eine Ratte. "Ihr seid unsere Helden."
"Das ist, was Freunde füreinander tun", sagte Rex und lächelte.

Die Hunde und Ratten feierten ihre erfolgreiche Mission und ihre Freundschaft. Sie beschlossen, ein gemeinsames Fest zu organisieren, um ihre Zusammenarbeit zu feiern.

"Wir haben so viel zusammen erreicht", sagte Bella. "Ich bin froh, dass wir uns kennengelernt haben."

"Wir sind eine tolle Mannschaft", sagte Spot und haute Rex auf die Schulter.

"Ja, sind wir", sagte Rex und sah stolz auf seine Freunde hinab. "Und ich bin sicher, dass wir noch viele Abenteuer zusammen erleben werden."

Die Hunde und Ratten blieben beste Freunde und halfen einander immer, wenn es nötig war. Sie lernten, dass es nicht darauf ankommt, wie unterschiedlich sie sind, sondern dass sie alle **zusammenarbeiten** müssen, um ihre Ziele zu erreichen.

Und so endete die Geschichte der Hunde und Ratten, die gemeinsam die Kanalisation von München retteten und eine **unzerstörbare** Freundschaft schlossen.

NEUE WÖRTER

- **beschlossen** (verb, Partizip II) - decided
- **unheimlich** (adj.) - creepy
- **beunruhigt** (verb, Partizip II) - worried
- **vollständig** (adj.) - completely
- **zusammenarbeiten** (verb) - to work together
- **Kanalisation**, die (noun, plural: Kanalisationen) - sewer
- **Abwasser**, das (noun, plural: Abwässer) - wastewater
- **herausfinden** (verb) - to find out
- **überflutet** (verb, Partizip II) - flooded
- **untersuchen** (verb) - to investigate
- **verstopft** (verb, Partizip II) - blocked
- **unzerstörbar** (adj.) - indestructible
- **beseitigen** (verb) - to remove

DAS UNGEWÖHNLICHE TEAM

TESTE DICH SELBST

1. Was war das Problem, das die Hunde und Ratten zusammen lösten?

2. Wie haben die Hunde und Ratten das Problem in der Kanalisation gelöst?

3. Was haben die Hunde und Ratten getan, um den seltsamen Geruch in der Stadt zu **beseitigen**?

4. Was haben die Ratten getan, als sie kein neues Zuhause mehr hatten?

5. Was haben die Hunde und Ratten über ihre Freundschaft gelernt?

DISKUSSION -- SCHREIBEN ODER SPRECHEN

1. Warum war es wichtig für die Hunde und Ratten, zusammenzuarbeiten, um ihre Probleme zu lösen? Wie können wir als Menschen von ihrer Zusammenarbeit lernen?

2. Welche Fähigkeiten und Eigenschaften hatten die Hunde und Ratten, die es ihnen ermöglichten, ihre Probleme zu lösen? Wie können wir diese Eigenschaften in unserem täglichen Leben anwenden?

3. Wie hat die Geschichte deine Sichtweise auf Freundschaft und Zusammenarbeit geändert? Wie können wir als Gesellschaft lernen, zusammenzuarbeiten, um Herausforderungen zu meistern?

DAS UNGEWÖHNLICHE TEAM

ANTWORTEN

1. Das Problem war, dass die Kanalisation in der Stadt verstopft war und das Wasser immer höher stieg, wodurch das neue Zuhause der Ratten in Gefahr geriet.
2. Bella, Rex und eine Gruppe Ratten krochen in den Abfluss und zogen den Müll und Schmutz Stück für Stück heraus, um den Abfluss zu reinigen.
3. Die Hunde gingen in einen Tunnel, wo sie einen großen Raum voller Müll und Abfälle entdeckten, den die Ratten entdeckt und als ihr Zuhause genommen hatten. Zusammen halfen die Hunde und Ratten, den Raum zu reinigen.
4. Die Ratten baten um Hilfe, und die Hunde halfen ihnen, einen neuen Platz zum Leben zu finden, wo sie keinen Müll sammeln mussten.
5. Die Hunde und Ratten lernten, dass es nicht darauf ankommt, wie unterschiedlich sie sind, sondern dass sie alle zusammenarbeiten müssen, um ihre Ziele zu erreichen. Sie erkannten, dass Freundschaft und Zusammenarbeit entscheidend sind, um jede Herausforderung zu meistern.

DAS GROßE DEUTSCHE BELLEN-OFF

Millie war ein **Schnauzer**, der es liebte zu backen. Sie verbrachte die meiste Zeit des Tages in der Küche, indem sie neue Rezepte ausprobierte und ihre Techniken perfektionierte. Sie träumte davon, eines Tages am "**Großen deutschen Bellen-Off**" teilzunehmen, dem jährlichen **Backwettbewerb** für Hunde in Berlin, aber sie war zu nervös, um ihre Fähigkeiten zu präsentieren.

Eines Tages hörte sie von dem Wettbewerb und beschloss, sich ihrer Angst zu stellen und teilzunehmen. Sie wusste, dass sie nicht alleine

DAS GROSSE DEUTSCHE BELLEN-OFF

dorthin gehen konnte. Sie rief ihre Freunde Tristan und Frieda an und bat sie, ihr zu helfen.

"Natürlich helfen wir dir, Millie", sagte Tristan. "Wir werden dir alles beibringen, was du wissen musst, um den Wettbewerb zu gewinnen."

Millie war **erleichtert** und dankbar für die Unterstützung ihrer Freunde. Gemeinsam machten sie sich auf den Weg nach Berlin, um sich für den Wettbewerb anzumelden.

Als sie in Berlin ankamen, wurden sie von den Düften der verschiedenen Backwaren in der Luft begrüßt. Es gab Kuchen, Torten, Gebäck und Brot, alles was man sich vorstellen konnte. Millie konnte kaum glauben, dass sie bald gegen diese erfahrenen Bäcker antreten würde.

"Keine Sorge, Millie", sagte Frieda. "Wir werden dir helfen, das beste Gebäck zu backen, das die Richter je probiert haben."

Sie gingen zum Supermarkt und kauften alle Zutaten, die sie für das perfekte Gebäck benötigten. Tristan und Frieda halfen Millie, alles zu messen und vorzubereiten, während Millie den **Teig knetete** und die Formen ausstach.

DAS GROßE DEUTSCHE BELLEN-OFF

Nach Stunden des Backens war das Gebäck endlich fertig. Es sah köstlich aus und Millie war zuversichtlich, dass es gut abschneiden würde.

Am Tag des Wettbewerbs kamen sie früh an und stellten ihr Gebäck zur **Bewertung** auf den Tisch. Es gab viele andere Teilnehmer und die Konkurrenz war hart, aber Millie war zuversichtlich.

Als die Richter ihre Gebäckproben **verkosteten**, war Millie nervös. Sie beobachtete, wie die Richter das Gebäck probierten und ihre Notizen machten. Die Minuten schienen wie Stunden zu vergehen.
Schließlich **verkündeten** die Richter ihre Entscheidung. "Und der Gewinner des großen deutschen Bellen-Off ist... Millie!" rief der Moderator.

Millie war überglücklich. Sie hatte den Wettbewerb gewonnen! Sie rannte zu Tristan und Frieda und umarmte sie.

"Ihr habt mir geholfen, das beste Gebäck zu backen, das ich je gemacht habe. Ich hätte es nicht ohne euch geschafft", sagte Millie.

"Das ist, was Freunde füreinander tun", sagte Tristan. "Wir sind so stolz auf dich, Millie."

Millie erkannte, dass sie das Gebäck nicht alleine gemacht hatte. Sie hatte es mit der Hilfe ihrer Freunde gebacken. Sie lernte, dass es wichtig ist, um Hilfe zu bitten, wenn man sie braucht, und dass Freundschaft und Zusammenarbeit entscheidend sind, um Herausforderungen zu meistern.

Die Freunde feierten Millies Sieg mit einem Stück Kuchen und einer Tasse Tee. Sie sprachen über ihre Erfahrungen in Berlin und darüber, was sie als Nächstes tun würden.

"Was ist dein nächstes Ziel, Millie?", fragte Frieda.

"Ich würde gerne meine eigenen Backwaren verkaufen", sagte Millie. "Ich denke, ich könnte eine kleine Bäckerei eröffnen und meine Kreationen verkaufen."

"Das klingt großartig", sagte Tristan. "Ich könnte dir helfen, eine Webseite zu erstellen, damit die Leute online bestellen können."

"Und ich könnte dir helfen, ein Geschäft aufzubauen und die Zutaten zu organisieren", sagte Frieda.

Millie war dankbar für die Unterstützung ihrer Freunde und wusste, dass sie mit ihnen alles erreichen konnte.

So eröffneten sie zusammen Millies Bäckerei und verkauften ihre köstlichen Backwaren an Kunden aus der ganzen Stadt. Sie wurden zu einem beliebten Ziel für alle, die leckere Kuchen, Torten, Gebäck und Brot liebten.

Millie erkannte, dass es wichtig war, seine Träume zu verfolgen und sich von seinen Freunden helfen zu lassen, um sie zu erreichen. Sie hatte gelernt, dass Freundschaft und Zusammenarbeit der Schlüssel zum Erfolg waren.

Und so endete die Geschichte von Millie, Tristan und Frieda, die zusammen den Großen deutschen Bellen-Off gewannen und ihre Freundschaft und Zusammenarbeit fortsetzten, um ihre Träume zu verwirklichen.

NEUE WÖRTER

- **Schnauzer**, der (noun) - a breed of dog with a distinctive beard and eyebrows.
- **das Große deutsche Bellen-Off** (noun) - fictional baking competition
- **Backwettbewerb**, der (noun, plural: die Backwettbewerbe) - baking competition
- **erleichtert** (adj.) - relieved
- **Teig**, der (noun, plural: die Teige) - dough
- **kneten** (verb) - to knead
- **Bewertung**, die (noun, plural: die Bewertungen) - evaluation
- **verkosten** (verb) - to taste
- **verkünden** (verb) - to announce

TESTE DICH SELBST

1. Was war Millies Traum in der Geschichte?

2. Warum war Millie zu nervös, um am großen deutschen Bellen-Off teilzunehmen?

3. Wie haben Tristan und Frieda Millie auf den Wettbewerb vorbereitet?

4. Wie fühlte sich Millie, als sie den Wettbewerb gewonnen hatte?

5. Was hat Millie aus ihrer Erfahrung in der Geschichte über die Bedeutung von Freundschaft und Teamwork gelernt?

DISKUSSION -- SCHREIBEN ODER SPRECHEN

1. Was macht deiner Meinung nach ein großartiges Team aus? Wie haben Millie, Tristan und Frieda in der Geschichte ihre Teamarbeit demonstriert?
2. Wie überwindest du deine Ängste, wenn du neuen Herausforderungen gegenüberstehst? Was hat Millie über die Überwindung von Angst in der Geschichte gelernt?
3. Welche Rolle spielen deiner Meinung nach Freunde bei der Verwirklichung unserer Träume? Wie haben Millies Freunde geholfen, ihren Traum in der Geschichte zu verwirklichen?
4. Backst oder kochst du gerne? Was ist dein Lieblingsgericht? Denkst du, dass Backen oder Kochen ein wichtiger Teil deiner Kultur ist?

ANTWORTEN

1. Millies Traum war es, am jährlichen Backwettbewerb, dem großen deutschen Bellen-Off, teilzunehmen.
2. Millie war zu nervös, um am Wettbewerb teilzunehmen, weil sie sich Sorgen machte, dass ihre Backwaren nicht gut genug waren und dass sie versagen würde.
3. Tristan und Frieda halfen Millie, indem sie ihr halfen, die Zutaten auszuwählen und alles vorzubereiten. Sie gaben ihr auch Tipps und Tricks, um ihre Backwaren zu verbessern.
4. Millie war sehr glücklich und stolz, als sie den Wettbewerb gewann.
5. Millie lernte aus ihrer Erfahrung, dass es wichtig ist, um Hilfe zu bitten und dass Freundschaft und Zusammenarbeit der Schlüssel zum Erfolg sind. Sie erkannte auch, dass man seine Träume verfolgen und hart arbeiten muss, um sie zu erreichen.

FREE BONUS STORY

Finished these stories and still want more?

Visit:
www.bellanovabooks.com/hund-bonus

to receive your **free bonus story.** Happy reading!

Möchtest du noch mehr? Here are a couple more books you will enjoy:

Available now in all major online bookstores.

Thanks for reading this book. We hope you've had a great time with it and improved your German!

As authors, we're always eager to hear what you think, so we'd love it if you could take a moment to leave a review. Your honest feedback helps us improve our writing and also helps other readers decide if this book is right for them. Plus, we'd just really appreciate it!

Visit us at
www.bellanovabooks.com
for more great books to continue your learning journey.

www.ingramcontent.com/pod-product-compliance
Lightning Source LLC
LaVergne TN
LVHW092005090526
838202LV00001B/8